AF626652

Anne Gorges

Wir feiern uns durchs Jahr

ANNE GORGES

WIR FEIERN UNS DURCHS JAHR

Als Familie das Kirchenjahr entdecken

neukirchener

INHALT

TEIL 1: ÜBERS FEIERN

ERNTEDANK VERPASST – EIN VORWORT

Fassungslos sitze ich da und starre auf meinen Kalender. Das kann doch nicht sein …? Ich habe in diesem Jahr tatsächlich Erntedank vergessen. Irgendwo zwischen lang ersehntem Mädels-Wochenende und pandemiebedingt abgesagten Kindergartenveranstaltungen ist es mir durchgerutscht. Den ganzen Sommer über habe ich mich darauf gefreut. Überlegt, wie und mit wem wir dieses Jahr feiern können. Ich habe von einem großen Gartenfest geträumt und mit einer kleinen Runde im Wohnzimmer gerechnet.

Doch dann kam der Alltag. Angetrieben von dem Dringenden, den Terminen und Anforderungen habe ich es einfach vergessen. Immer mal wieder kam die Erinnerung daran hoch, aber oft war ich so müde und erschöpft, dass ich mich nicht dazu aufraffen konnte, etwas zu organisieren. Und dann war es zu spät.

Wie gerne würde ich jetzt schreiben, dass das ein Einzelfall war, ein Ausrutscher, kommt nicht wieder vor! Doch das wäre gelogen, denn ehrlich gesagt geht es mir sehr oft so. Ich verliere den Überblick. Wenn es gut läuft, merke ich zwei Tage vorher, dass ein Feiertag ansteht. Meistens ist dann nicht mehr viel Zeit, etwas Großes vorzubereiten, geschweige denn Freunde oder Familie einzuladen. Ich hetzte durch die Wohnung und suche provisorisch Duplofiguren, Äste und Tücher zusammen und jedes Mal ärgere ich mich aufs Neue. Weil mir das mit dem Feiern doch so wichtig ist! Und weil es nicht so schwer sein kann, das endlich mal auf die Reihe zu kriegen. Oder doch?

In solchen Momenten habe ich mir oft gewünscht, eine kleine Anleitung zu haben. Einen Überblick, an dem ich mich entlanghangeln kann. Einfach, ohne großen Schnickschnack. Ich will nicht tagelang durchs Internet surfen, um Ideen zu finden, oder jedes Jahr eine komplett neue Feier organisieren und einen Minigottesdienst konzipieren. Ich sehne mich nach einfachen, zeitlosen Ritualen. Liturgien, in die man hineinwachsen kann. Die man nicht gleich im ersten Jahr verstehen muss, weil man ein Leben lang Zeit hat, sie kennenzulernen und mit Leben, Erfahrungen und Fragen zu füllen.

Ich habe lange gesucht. Gefunden habe ich viele tolle einzelne Ideen, aber nichts, das im Ganzen passen wollte. Deshalb hältst du heute dieses Buch in den Händen. Eigentlich müsste es ein kleines, zerfleddertes Notizbuch mit Kaffeeflecken, Schmierzetteln und sehr vielen abgeknickten Seiten und Post-its sein. (Ich hoffe ja ein bisschen, dass du dieses Buch wirklich benutzt und es in ein paar Jahren genau so aussieht!) Eine Zettelsammlung mit vielen durchgestrichen Sätzen und Ergänzungen.

Aber ich will dich vorwarnen. Das hier ist keine Schritt-für-Schritt-Anleitung mit Gelinggarantie. Soll es auch gar nicht sein. Es ist (hoffentlich!) auch keine weitere „Du musst auch noch"-Liste, die dir ein schlechtes Gewissen macht. Es ist meine kleine Ideensammlung, mein Feiertags-Spickzettel, um nicht vor jedem Fest erneut panisch durch die Gegend zu rennen.

Also, wenn du Lust hast, schnapp dir einen Kaffee und mach es dir gemütlich. Besuch mich in meinem Garten oder unserem Wohnzimmer. Lass uns zusammen Feuer machen, Adventskränze stecken und Picknicke planen. Komm in meine kleine Küche, wo wir Ostereier färben, während wir ein Kind von der Arbeitsfläche angeln, das die Zuckerstreusel klauen will. Lass uns schimpfen, wenn beim Eierausblasen alles vollsaut oder wir etwas im Ofen vergessen. Lass uns zusammen lachen, wenn das Ergebnis so ganz und gar nicht pinterest-tauglich gelungen ist, um dann schnell die hässlichen Kekse zu essen, bevor sie einer sieht.

Dann, mittendrin, lass uns gemeinsam kurz innehalten und dabei merken, dass es eigentlich gar nicht um die Kekse und die Eier geht. Lass uns uns gegenseitig daran erinnern, warum wir feiern und wen wir feiern.

Und dann – das ist das Allerwichtigste! – setzten wir uns an unseren viel zu kleinen Esstisch mit Kugelschreiberstreifen und Brandlöchern. Wir legen einfach eine Tischdecke drüber und stellen einen Biertisch daneben, damit auch alle Platz haben. Wir füllen die Lücken mit Hockern und Klappstühlen und dann nehmen wir Platz am reich gedeckten Tisch und fangen an zu feiern.

WARUM FEIERN WIR EIGENTLICH?

Wir Menschen lieben es zu feiern! Zu jeder Zeit, an jedem Ort, in jeder Kultur und jeder Religion finden wir Feste. Und so unterschiedlich diese Feste auch sein mögen, so gehört das Feiern an sich ganz grundlegend zum Menschsein dazu. Durch das Feiern drücken wir aus, wer wir sind, was wir glauben. Unsere Feste spiegeln unsere Werte, unser Weltbild und unsere Vorstellungen vom Leben.

Manchmal erlaubt das Feiern uns, dem eintönigen Alltag mit seinen Sorgen und Anforderungen zu entfliehen. Ein Tag, an dem wir genießen, gut und viel essen und trinken. Ein Abend, an dem wir wie im Rausch tanzen und feiern und für einen Moment das Alltägliche und die Kontrolle hinter uns lassen. Gewohnte Normen, was erlaubt ist oder sich gehört, verschwimmen für ein paar Stunden. Das Feiern schweißt zusammen und schafft ein Gefühl der Zugehörigkeit.

Aber wir feiern auch, weil wir Antworten suchen auf Fragen, die uns das Leben stellt. Wo wir herkommen und hingehen, wer wir sind und was uns ausmacht. Weil wir einen Ort brauchen, an dem wir unsere menschlichen Erfahrungen ausdrücken können. Deshalb gibt es auch so viele religiöse Feste. Beim Feiern geht es nämlich nicht nur um das Vergessen, sondern auch um die Vergewisserung. Die Festzeiten und Feiertage stärken unsere Identität, erinnern uns daran, wer wir sind, was wir glauben, was uns ausmacht.

WARUM GOTT FEIERN LIEBT

Doch nicht nur wir Menschen feiern gerne, auch Gott liebt es. Ja, wirklich!

Schon eigenartig oder? Dass wir uns manchmal so schwer tun, Gott und das Feiern zusammenzubekommen. Dass wir denken, er wäre die große Spaßbremse, die sich in die Ecke verdrückt und wegen Lärmbelästigung die Polizei ruft.

Wir könnten nicht falscher liegen! Ich glaube, wir finden Gott am vollen Büfett, hinter der Theke, am DJ-Pult oder mitten auf der Tanzfläche.

Ja, ganz bestimmt, Gott liebt es zu tanzen! Wie sollte es anders sein, wenn er sich all die unterschiedliche Musik und Bewegung ausgedacht hat. Wenn wir mit unseren Körpern nicht nur nützliche, sondern auch lustige Bewegungen machen können: mit dem Hintern wackeln, Pirouetten drehen und einzelne Muskeln zucken lassen. Schon in der frühen Kirchengeschichte wurde die Dreieinigkeit Gottes als Kreistanz der Liebe beschreiben. Ich hatte mir dabei immer einen langsamen, perfekt ausgeführten Walzer vorgestellt. Aber vielleicht tanzt Gott auch Samba, headbangt durchs Wohnzimmer oder tanzt zu „Macarena" auf dem Küchentisch.

Und es ist ja nicht nur das Tanzen. Überleg doch mal, all das Essen, das es gibt! So wirklich effizient war das ja nicht. Statt einer Standardtomate gibt es Hunderte von Sorten. Dazu Kräuter, Gewürze und völlig abgefahrene Dinge wie Sprudel, der im Bauch blubbert, und Knollen, die man essen und in Ketchup tunken kann. Er hat sich Kaffee erdacht und Schokolade, Fladenbrot, Eiswürfel und Chillies. Er füllt unsere Welt mit einer Vielfalt an Nahrungsmitteln und schenkt dem Menschen so viele Ideen und Fantasie und damit all die unglaublichen Gerichte dieser Welt! Maultaschen und Injera, Holzofenpizza, Sushi, Erdnussnudeln, Marmorkuchen, Guacamole, Enchilada, Erdbeereis, Pho, Quiche Lorraine, Mojitos und so viel mehr!

Oder denken wir an Jesus, der sein erstes Wunder auf einer Hochzeit tut und den Himmel mit einem großen Hochzeitsfest vergleicht. Der Wasser in Wein verwandelt. Der Gemeinschaft mehr liebt als jeder andere und die Natur schmückt mit Blumenfeldern, Eiskristallen, Nebelschleiern. Der Blätter bunt färbt, kleine, glänzende Käfer macht und dessen Einfallsreichtum explodiert sein muss, wenn man all die unterschiedlichen Tiere, Landschaften und Pflanzen anschaut. Der nicht nur Töne und Worte erschafft, sondern Musik und Poesie. Der die Vögel und Bäume und das Meer singen lässt. Der Geschichten wählt, um zu erzählen, wie er ist. Und Lieder und Gedichte. Der Schönheit und Überfluss und Gemeinschaft liebt. Und der seinem Volk nicht nur eines, sondern mehrere Feste schenkt!

Wie könnte es anders sein, als dass dieser Gott es liebt zu feiern und zu essen und zu tanzen! Ich bin sicher, Gott hat keinen Nachholbedarf, was das Feiern angeht. Aber ich, ich kann noch jede Menge lernen.

WARUM ICH FEIERN LIEBE

Dass wir als Familie so gerne feiern, ist eigentlich aus der Not heraus entstanden.

Mein Sohn wurde geboren und auf einmal war ich Mama. Eine müde, überforderte, verzweifelte Mama, die alles richtig machen wollte. Und vor allem wollte ich die Sache mit dem Glauben richtig machen. Jesus war mir begegnet und das war das Beste, was mir jemals passiert ist. Wenn ich bei allem anderen versagen sollte, so war das doch die eine Sache, die ich unbedingt hinbekommen wollte.

Theoretisch wusste ich sehr genau, wie das funktionieren kann. Als Gemeindepädagogin hatte ich das studiert. Aber so vieles von dem, was ich gelernt hatte, passte einfach nicht, weil Theorie und Praxis zwei verschiedene Dinge sind und meine Kinder lieber Baustelle spielen als über Jesus zu reden. Für so vieles hatte ich schlicht und einfach keine Kraft und statt

Jesus habe ich nur Schuldgefühle gefunden. Anderes hat sich aufgesetzt und reingequetscht angefühlt. Wie eine Hose, auf der meine Größe steht, die aber einfach nicht zugehen will.

Und wie oft begegne ich anderen Eltern, denen es ähnlich geht. Die Jesus von Herzen lieben und deren Sätze mit: „Eigentlich sollte ich mit meinen Kindern mehr … (beten / Bibel lesen / über den Glauben sprechen …)", beginnen. Und zwischen all meinen „Eigentlich sollte ich …" bin ich übers Feiern gestolpert.

Angefangen hat alles mit einer bekannten Jesus-Geschichte. Die Geschichte von Zachäus. Der kleine Mann, der auf einen Baum klettert, um Jesus sehen zu können. Aber nicht die Geschichte an sich, sondern das Ende hatte es mir angetan! Zachäus begegnet Jesus, der sein Leben mit einem Schlag auf den Kopf stellt. Und was macht Zachäus? Er schmeißt ein riesiges Fest und lädt all seine Freunde ein. Zöllner und Huren, die an einem Tisch mit Jesus sitzen. Ich habe mir oft überlegt, warum er das gemacht hat. Ich stelle mir vor, dass er so überwältigt war, dass ihm einfach die Worte gefehlt haben und er deshalb nur den einen Weg gesehen hat: Seine Freunde mussten Jesus selbst treffen.

Wie gerne wollte ich das auch tun! All meine Freunde, meine Nachbarn, meine Familie und vor allem meine Kinder zu Jesus an den Tisch einladen. Wir würden essen und trinken, lachen und Geschichten erzählen und einen kleinen Augenblick lang begreifen, wie unendlich geliebt wir sind.

Irgendwann haben wir das dann einfach gemacht. Mein Mann Daniel und ich haben angefangen zu feiern. Geburtstage und Einweihungspartys. Wir haben viele Leuten in unsere kleinen Wohnungen gequetscht, Muffins gebacken und Chili con Carne gekocht. Uns sind die Teller ausgegangen und ohne

Spülmaschine hat es Stunden gedauert, das Chaos zu beseitigen. Und auch wenn wir nicht immer über ihn geredet haben, haben wir doch gehofft, dass Jesus irgendwo mittendrin ist und sich auf Bierbänke und Gartenstühle quetscht, dass er dem einen oder anderen begegnet oder es einfach genießt, Zeit mit uns zu verbringen.

Und genauso haben wir das auch als Familie gemacht: Wir haben gefeiert. Ostern, Weihnachten und die Sonntage. Mit unserem Kleinkind, das wahrscheinlich wenig begriffen hat und sich heute an nichts mehr erinnern kann. Aber wir saßen zusammen an einem Tisch und haben wieder gehofft, dass Jesus auch da ist und mit uns mitfeiert. Wir haben wenig erklärt, dafür viel gegessen und zwischendrin immer wieder Geschichten erzählt. Und ich hoffe sehr, dass meine Kinder dieses Bild begleiten wird: dass Glaube nicht die enge Hose ist, in die man sich quetschen muss, sondern dass glauben heißt, mit Jesus an einem Tisch zu sitzen.

Und kannst du dir vorstellen, wie begeistert ich war, als ich gemerkt habe, dass meine Kinder all die christlichen Basics wie nebenbei mitbekommen, wenn wir uns Jahr für Jahr durchs Kirchenjahr feiern?

Vielleicht dürfen wir anfangen, unsere Sätze nicht mit „Eigentlich sollte ich …" zu beginnen, sondern unsere Kinder einfach mitzunehmen in die Art und Weise, wie wir gerne Glauben leben und gestalten. Und das sieht ganz bunt und unterschiedlich aus:

Wir beten und segnen, wir erzählen Geschichten und lieben, wir studieren, meditieren, wir besuchen Freunde und Gottesdienste, wir helfen und tanzen, machen Lobpreis in der Küche und in der Kirche. Wir weinen, wir fasten. Wir arbeiten und wir ruhen. Wir lernen Bibelverse auswendig – weil wir es wollen! Wir treffen Jesus auf einen Kaffee und suchen die Stille. Wir trauern, leiden, trösten. Wir dienen und leiten und waschen Füße. Wir feiern Abendmahl und die Sonntage. Wir werden schuldig und bitten um Vergebung. Wir essen zusammen und wir üben das einfache Leben. Wir leben Barmherzigkeit und werden laut, wenn wir Ungerechtigkeit sehen.

Und wir feiern. Nicht, weil wir sollen, sondern weil wir unbedingt Jesus treffen wollen.

DIE ENTDECKUNGSREISE

Während wir uns also durch den Kleinkindalltag gekämpft und das erste Weihnachtsfest gefeiert haben, kam mir der Gedanke, dass es vielleicht noch andere Zugänge als die mir bekannten Traditionen gab. Vielleicht hatte auch Gott sich etwas zu dem Thema gedacht, wie wir unsere Feste gestalten können?

Also blätterte ich durch meine kleine Bibel. Hier las ich Geschichten über große Glaubenshelden, über ein Meer, das sich teilt, über Löwen und Feueröfen, von Geboten und Versprechen, von einem Mauerbau und erobertem Land. Von zermürbendem Zweifel und festem Glauben. Die großen Geschichten, die so viele von uns kennen. Und mittendrin, zwischen Geboten und Anweisungen, da habe ich kleine Feier-Anleitungen gefunden.

Beschreibungen von Festen, von Familien, die sich um Tische und Töpfe versammeln, um sich zu erinnern und darin Glauben finden. Anleitungen für einen Glauben, den man schmecken und fühlen kann. Den man zusammen entdeckt, die ganz Kleinen, die zum ersten Mal dabei sind, und die Alten, die schon viele Jahre hinter sich haben. Und je mehr ich gelesen habe, desto faszinierter war ich. Manches von dem, was ich da fand, war mir völlig fremd. Vieles bleibt bruchstückhaft. Einen detaillierten Minutenablauf suchte ich vergebens. Manches kannte ich und bei ein paar Dingen horchte ich begeistert auf.

Wenn du möchtest, dann schau einfach mal rein. Ich bin sicher, dass du viele wunderbare Entdeckungen machst. Zum Beispiel in 3. Mose 23; 5. Mose 16,1-17; 2. Mose 23,14-17; 34,18-22 und 4. Mose 28–29. Aber wenn du dich gerade ungeduscht und todmüde an deiner Kaffeetasse festhältst und dich fragst, wann und wie du das auch noch machen sollst, dann lehne dich zurück und wir gehen gemeinsam auf Entdeckungstour.

ENTDECKUNG I: FEIERTAG UND ALLTAG

FEIERTAG UND ALLTAG

„Lasst uns den Alltag feiern!“ lese ich in einem Artikel, während ich einen großen Schluck Kaffee aus meiner Tasse mit der Aufschrift „Alltagsheldin“ nehme. Ich nehme mir vor, den Moment zu genießen, jeden Tag so zu leben, als wäre es der letzte. Doch so richtig gelingt es mir nicht. Denn auch wenn ich gerne den Alltag feiern möchte: Vesperdosen richten, Geschirrspülmaschine einräumen und Steuererklärung ausfüllen fühlt sich nicht an, als wäre jeder Tag ein Fest. Und wäre heute der letzte Tag meines Lebens, dann würde ich von morgens bis abends Erdbeeren, Pizza und Kuchen futtern, meine Arbeit hinschmeißen, eine Gartenparty veranstalten. Aber spätestens nach drei Tagen hätten wir nichts mehr anzuziehen und es würde unerträglich stinken, weil keiner am letzten Tag seines Lebens daran denkt, den Müll runterzubringen.

Ich schaffe es also nicht, ganz heldenhaft meinen Alltag in ein Fest zu verwandeln.

Aber weißt du was? Vielleicht ist es auch ganz okay, wenn nicht jeder Tag ein Fest, sondern manchmal einfach nur Dienstag ist. Mit Alltagsterminen, Meetings, Einkaufszetteln und Kehrwoche. Wenn wir am Ende des Tages nicht völlig glücklich ins Bett fallen, sondern einfach nur müde, vielleicht gemischt mit einer kleinen Prise Dankbarkeit. Oder auch nicht. Vielleicht hatten wir auch einen Scheißtag und sind einfach nur froh, dass er vorbei ist. Soll es geben.

Vielleicht geht es nicht so sehr darum, ständig glücklich zu sein, sondern vielleicht reicht zufrieden durchaus aus. Vielleicht müssen wir, bevor wir feiern, lernen, was es heißt, das einfache, gewöhnliche Leben zu leben, das sich Alltag nennt. Vielleicht ist das Gewöhnliche, das Kleine und das Unscheinbare weniger beängstigend, als man uns so oft weismachen will. Vielleicht muss ich den Alltag gar nicht zum Fest machen.

Ja, das hier ist ein Buch übers Feiern. Aber, weißt du, womit das Feiern eigentlich beginnt? Mit dem Alltag – dem Nichtfeiern!

Er ist irgendwie ein bisschen unbequem, dieser Punkt, finde ich. Ich würde gerne jeden Tag Kuchen essen und Gartenfeste feiern. Sich beschränken ist nicht schön. Aber wir sind manchmal einfach übersättigt. Übersättigt von so viel Besonderem, Außergewöhnlichem und der Dauerverfügbarkeit all dessen, was wir wollen. Vielleicht haben wir so oft den Alltag gefeiert, dass wir verlernt haben, wie man die Feste feiert. Weil es nichts Besonderes mehr gibt, das nur für die Feste reserviert ist. Schokocreme, Glitzerkleider und aufbleiben bis nach Mitternacht zum Beispiel.

Weißt du, was das Beste war, das ich jemals in meinem Leben gegessen habe? Eine stinknormale Scheibe Weißbrot mit Butter. Nach ein paar Wochen Low-Carb-Diät vor meiner Hochzeit hat dieses Brot geschmeckt wie der Himmel.

Alltag, Verzicht, das gewöhnliche, einfache Leben macht unser Leben nicht trist, sondern in Wirklichkeit ziemlich bunt. Es ist die Voraussetzung dafür, dass wir überhaupt genießen und feiern können. Denn wenn wir alles Alltägliche feiern, wenn jeder Tag ein Fest ist, dann ist das Fest auch nur wieder Alltag. Dann ist es keine Unterbrechung mehr, sondern Gewohnheit. Gott ruht nicht sieben Tage, nein, sechs Tage lang arbeitet er. Und er schenkt einzelne Feste und dazwischen ganz viele gewöhnliche Arbeitstage.

ENTDECKUNG 2: FEIERN UND RUHEN

FEIERN UND RUHEN

Ich habe lange gesucht nach konkreten Anweisungen, in denen Gott uns erklärt, wie das mit dem Feiern funktioniert. Nach Ritualen oder Gebeten. Dingen, die wir tun sollen. Aber weißt du, worauf ich gestoßen bin? Auf das Nicht-tun. Das, was die meisten Feste miteinander verbindet, ist Gottes Aussage: „An diesem Tag sollt ihr nicht arbeiten, eure Arbeit soll ruhen! Ihr sollt ruhen."

Das Volk Israel kam ursprünglich aus einer Situation, in denen sie keine andere Wahl hatten. Als Sklaven in Ägypten mussten sie tagein, tagaus ununterbrochen arbeiten. Keine Pause, kein Ruhetag, die Arbeit und ihre Antreiber kontrollierten und bestimmten ihr Leben. Sie arbeiteten für einen Hungerlohn auf einem Land, das ihnen nicht gehörte. Doch dann kam die große Rettungsaktion. Gott befreite sein Volk und Israel war kein Volk von Sklaven mehr, sie waren frei. Gott sagte seinem Volk immer wieder: „Ihr sollt aufhören zu arbeiten und feiern, damit ihr euch erinnert, dass ich euch aus Ägypten befreit habe. Ihr wart Sklaven, aber das seid ihr schon lange nicht mehr. Ihr seid Gerettete! Das ist eure Identität!"

Ich war nie in Ägypten, aber auch ich habe in meinem Leben Antreiber, die mich gnadenlos zur Arbeit treiben. Ansprüche, Ängste, Schuld, Scham. Sie peitschen mich weiter, wenn ich schon lange nicht mehr kann. Besonders, wenn ich aufhöre zu arbeiten, werden ihre Stimmen immer lauter. Manchmal will ich ihnen entkommen, indem ich ihre Forderungen erfülle, aber egal, wie viel ich tue und leiste, es ist niemals genug.

Wenn ich nichts mehr tue, wenn ich nichts mehr leisten und beitragen kann, wenn ich keine Erfolge vorzuweisen habe und nicht nützlich bin, wer bin ich dann überhaupt noch? Diese Fragen sind beängstigend. Manchmal sogar so sehr, dass wir zurück nach Ägypten wollen. Dass wir uns freiwillig zurück in die Sklaverei begeben, weil Tun manchmal einfacher ist als Sein.

Aber wenn wir dem nicht nachgeben, wenn wir die Sklaventreiber schreien und toben lassen, wenn wir uns weigern zurückzugehen, wenn wir die

Arbeit ruhen lassen, dann hören wir vielleicht Gottes leise Stimme, die uns daran erinnert, wer wir sind. Gerettete. Geliebte. Söhne und Töchter.

Zugegeben, als Eltern ist das sehr herausfordernd. Meine Kinder haben das Prinzip „arbeitsfreier Tag“ noch nicht wirklich verstanden. Sie wollen trotzdem gefüttert, bespaßt und umsorgt werden. Sechs Jahre üben wir jetzt schon, aber auch das Ausschlafen haben sie noch nicht verinnerlicht. Es gab (und gibt!) so manchen Feiertag, an dem ich einfach nur hoffte, dass er möglichst schnell vorbeiging.

Aber ich gebe nicht auf. Ich scheitere und übe weiter. Nicht nur an den Feiertagen, auch an den Sonntagen. Denn ich will das unbedingt lernen. Nicht auf meine inneren Antreiber zu hören, die mir sagen, was ich alles nicht bin oder nicht tue. Die mir einflüstern wollen, ich würde zu kurz kommen oder etwas verpassen, wenn ich mich ausruhe. Ich will lernen, dem zu vertrauen, der zu mir sagt: „Ich habe dich befreit! Von Schuld und Scham, von Angst und dem Bösen.“ Und ich will ruhen, weil Sklaven sich niemals ausruhen, sondern nur die, die wissen, dass sie geliebt und gerettet sind.

ENTDECKUNG 3: FEIERN IN GEMEINSCHAFT

FEIERN IN GEMEINSCHAFT

Feiern passiert an zwei Orten: am Esstisch und im Tempel. In der Familie und der Gemeinde. Zuhause und in der Öffentlichkeit. Im Großen und im Kleinen.

Der Tisch, an dem wir feiern

Im Alten Testament wurden Gottes Versprechen, seine Geschichten und Gebote innerhalb der Familie weitergegeben. Von einer Generation an die nächste. Glaube wurde nicht in einer Gruppenstunde unterrichtet, sondern war mit in den Alltag verwoben. Die Keimzelle, das Herzstück der religiösen Erziehung, war die Familie.

Und im Mittelpunkt befand sich ein großer Esstisch. Hier wurde der Sabbat eingeläutet, es wurden tägliche Dankgebete gesprochen, gelacht, geweint, Leben miteinander geteilt. Hier gab es stinknormale gewöhnliche Alltagsgebete mit Butterbrot und Käse. Es gab die wöchentlichen Sabbatgebete mit Kerzen und Wein. Und immer mal wieder gab es die feierlichen Festtage, die man schon Tage vorher vorbereitete, mit einer Tischdecke und dem guten Geschirr.

Während ich das schreibe, seufze ich, denn ich finde das richtig schön – und furchtbar überfordernd. Gott traut uns als Eltern so viel zu! Traut mir so viel zu. Und ich stehe da und denke: Wie, bitte, soll ich das machen?

Ich glaube, dass die jüdischen Eltern damals auch keine übermenschlichen Super-Eltern waren. Aber sie hatten etwas, das wir auf unserem Weg verloren haben: Traditionen. Sie mussten nicht lernen, wie man einen Sabbat einleitet, Gebete spricht, segnet oder eben auch die Feiertage begeht. Denn bevor sie in der Elternrolle steckten, in der sie diese Dinge anleiteten, durften sie sie Jahre und Jahrzehnte lang selbst miterleben. Sie waren in ihnen zu Hause.

Zurück zu unserem Esstisch. Ich bin mir ziemlich sicher, dass er zu klein ist, zum Feiern und zum Glauben. Wenn wir die Stühle gut quetschen, passen gerade mal sechs Leute drumherum.

Aber es gibt in 2. Mose 12,4 einen dieser unbeachteten Nebensätze, die ich so sehr liebe. Bei der Beschreibung des ersten Passahfestes wurde gesagt, dass so viele Menschen zusammen feiern sollen, dass sie ein einjähriges Lamm essen können. Und das sind definitiv mehr als sechs Personen! Wessen kleine Großfamilie nicht groß genug war, der sollte sich mit seinen Nachbarn zusammentun. Quasi als „erweiterte Familie".

Hier saßen also Großeltern und Eltern, Kinder und Nachbarn, vielleicht auch mit ein paar Tanten und Cousins zusammen.

Schon verrückt, oder? In Zeiten, in denen wir flexibler, mobiler und verbundener sind als je zuvor, sind wir oft einsamer, als wir je für möglich gehalten hätten. Unsere Familien sind über verschiedene Städte, Länder und Kontinente verstreut und manchmal bleiben wir nicht mal lange genug an einem Ort, um überhaupt unsere Nachbarn richtig kennenzulernen. (Ich habe sechs Jahre und zwei super kontaktfreudige Kinder gebraucht, bis ich endlich in unserer Nachbarschaft angekommen bin und unser Postbote mich auf der Straße erkennt und freundlich grüßt.) Vielleicht ist unsere Familie nicht am Glauben interessiert, vielleicht haben wir keinen Kontakt oder sie ist eben zu weit weg. Mag sein, dass wir auf diesem Weg unseren Esstisch nicht gefüllt bekommen. Aber wir könnten „Familie" einfach ein bisschen großzügiger denken. Eine befreundete Familie, Paten, Freunde oder Nachbarn einladen und mit ihnen feiern.

Vielleicht können wir auch ein oder zwei Klappstühle auspacken. Denn eine der schönsten Anweisungen zum Feiern findet sich in 5. Mose 16,11. Hier gibt es eine kleine Aufzählung, mit wem eine jüdische Familie das Passah feiern soll: Neben der eigenen Familie werden auch Sklaven, Leviten, die Fremden, Witwen und Waisen genannt. Die, die am Rand der Gesellschaft stehen und alleine feiern müssten, finden Platz am großen Esstisch einer Familie und werden willkommen geheißen.

Wenn ich solche Dinge lese oder schreibe, beginnt bei mir das Kopfkino und Anspruchsdenken. Eigentlich sollte ich Weihnachten mit ein paar Obdachlosen auf der Straße verbringen. Oder eine große Gruppe Menschen aus dem Flüchtlingsheim einladen.

Doch eigentlich geht es hier nur darum, einen kleinen Klappstuhl an unseren Tisch zu stellen. Denn die Leviten und die Waisen sind nicht irgendwelche Fremden, sondern „die in deiner Mitte sind“ . Es sind die, die mir alltäglich über den Weg laufen. Meine Angestellte, der „Neue“ in der Gemeinde, die Alleinerziehende (deren Kinder über die Feiertage beim Papa sind), der zugezogene Student. Und wenn uns jemand begegnet, in unserer Straße, am Sonntag in unserem Gottesdienst oder in unserem Treppenhaus, der alleine feiern müsste, wie schön wäre es da, wenn unser Klappstuhl bereits aufgestellt wäre und wir nur noch all unseren Mut zusammennehmen müssten.

Vielleicht müssen wir nicht so sehr die Not der ganzen Welt in den Blick nehmen, sondern die in unserem Dorf, unserem Block, in den zwei Häusern neben uns.

Das Büfett, an dem wir staunen

Wir waren auf dem Weg zum Einschulungsgottesdienst unseres Großen. Neben mir stapfte mein Dreijähriger. Er plapperte fröhlich vor sich hin, bis er hörte, dass wir auf dem Weg zur Kirche waren. „Gibt es da auch etwas zu essen?“, fragte er ganz ernst, gefolgt von kleinen enttäuschten Augen, als ich verneinte.

Dazu muss man wissen, dass unsere Gemeinde gerne gemeinsam isst. Und wir haben das große Privileg, dass gleich mehrere Menschen in unserer Gemeinde unglaublich gastfreundlich sind. Unsere Gottesdienste beginnen mit einem Frühstück mit brechend vollem Buffett. Vegane Sojamilch steht hier neben Rührei mit Speck, fettarmer Naturjoghurt neben Schokoladencreme, selbstgemachter Hefezopf neben abgepackten Muffins. Aufwendig neben einfach. Es ist eine bunte Mischung.

Was für ein schönes Bild für Gemeinde, oder? Bunt, vielfältig und lecker. Manche Dinge mag ich nicht, die lasse ich stehen, aber ein anderer freut sich wie Bolle darüber. Ich lerne neue Speisen kennen, die mir vorher fremd waren. Jeder bringt mit, was er hat, was er kann, was er gerne mag und am Ende werden alle satt. Und unsere Kinder denken, dass in der Kirche immer gegessen wird.

Dreimal im Jahr, zu den drei großen jüdischen Festen, sollten die Israeliten zum Tempel pilgern (bei den großen Opferfesten wurde übrigens auch oft zusammen gegessen). Raus aus dem kleinen Dorf, Richtung Großstadt. Und dort konnten sie sehen, wie bunt und vielfältig das Volk Gottes ist. Es wurde gesungen, geopfert und zusammen gefeiert, in der großen Gemeinschaft. Juden aus dem ganzen Land und darüber hinaus kamen zu den Festen nach Jerusalem. Menschen, die so ganz unterschiedlich aussahen, ihre eigenen Gewohnheiten und Eigenheiten hatten, trafen aufeinander. Wie unglaublich muss dieser Anblick gewesen sein. Junge und Alte, die sich treffen, die feiern und sich daran erinnern, wer ihr Gott ist.

Und wie geht es uns Christen erst damit! Über Zeiten und Länder, Kulturen und Generationen hinweg ist da ein buntes Volk, das zusammenkommt, um seinen Gott zu feiern und sich zu erinnern, wer sie sind. Geschaffene und Gerettete. Kinder. Geliebte.

„Um ein Kind großzuziehen, braucht es ein ganzes Dorf", heißt es in einem afrikanischen Sprichwort. Vielleicht braucht es auch einen großen Tisch voller Menschen und manchmal ein ganzes Volk, um ein Kind glauben zu lehren. Wir feiern und glauben in Gemeinschaft. Auch wenn es sich manchmal anders anfühlt, wir sind nicht allein!

ENTDECKUNG 4: FEIERN MIT ALLEN SINNEN

FEIERN MIT ALLEN SINNEN

Wenn wir so durch die Feste schmökern, finden wir ganz unterschiedliche Anweisungen. Da ist von bestimmten Lebensmitteln die Rede, die man essen (einjähriges Lamm) oder nicht essen (Sauerteig) soll. Von Lichtverhältnissen (in der Abenddämmerung), dem Rasenmähen (3. Mose 23,22), Posaunenblasen (V. 24), von gerösteten Körnen, dem Geruch von frischem Brot (V. 12) und zischendem Wein im Feuer (V. 14). Von einer großen Putzaktion, um allen Sauerteig aus den Wohnräumen zu entfernen, von wohlriechenden Düften (V. 18), vom Fasten (V. 29), Blumenschmuck (V. 40) und Campen in Laubhütten (V. 42).

Und das liebe ich so sehr an den Festen! Das ist Glaube, den man sehen und schmecken, anfassen und erleben kann. Der nicht nur unseren Kopf, sondern all unsere Sinne anspricht. Wir wissen sehr viel über die Geschichten der Bibel, über Gott und die Feste. Doch wie fühlen sie sich an? Wie klingt Pfingsten? Wie schmeckt Ostern? Wie riecht der liebe Gott?

Jesus, wie riechst du eigentlich?
Ich glaube, du riechst nach Sonne und Schweiß und staubigen Straßen.
Du riechst nach Wasser und See, nach Wind und
nach Wellen und modrigen kleinen Fischerbooten.
Du riechst nach frisch gebackenem Brot
und nach Fischen über dem Lagerfeuer.
Und du duftest auch. Nach Weihrauch
und Myrrhe und kostbarstem Alabasteröl.
Und manchmal, ja manchmal, da stinkst du.
Nach Blut und nach Leid und nach Tod.
Jesus, wie riechst du eigentlich?

Ein kleines Beispiel: Über Jahrhunderte hinweg wurde diskutiert, wie das mit der Menschwerdung Jesu war. Theoretisch in Lehrsälen oder in Büchern. Aber standest du schon mal in einem Kreissaal oder im Wohnzimmer bei einer Hausgeburt? Hast das Blut und den Schweiß gerochen, verzweifelte Schreie und das Stöhnen gehört? In ein schmerzverzerrtes Gesicht geschaut, bei Wehenkrämpfen, die einen innerlich zerfetzten?

Einen glitschigen, käseverschmierten Säugling gesehen, der seinen ersten Schrei tut? Der nicht einmal den Kopf heben kann, völlig angewiesen ist auf Menschen, die ihn lieben, versorgen und schützen? Vielleicht erzählt uns das Wickeln eines Säuglings manchmal mehr über die Menschwerdung Jesu als seitenlange dogmatische Abhandlungen.

Gott wird Mensch. Mit Blut und Dreck und Schmerzen. Er kommt nicht auf die Erde als Lehrsatz oder Konzept. Er wird be-greifbar. Nicht mit dem Kopf, sondern mit den Händen. Denn Gott wird Mensch, nicht Idee.

Ich glaube, das ist eines der Dinge, die ich an den Festen so liebe. Sie erinnern mich daran, dass Glaube nicht nur im Kopf oder einer unsichtbaren Welt passiert. Gott trennt nicht zwischen Geist und Körper. Er lehrt seine Jüngerinnen und Jünger durch Alltagsgeschichten, die sie selbst erlebt haben. Sie wissen, wie sich diese Geschichten anfühlen, wie sie schmecken und klingen. Sie können sie be-greifen.

Sie kennen verlorene Münzen (inklusive panischem Suchen und kalten Schweißausbrüchen), Brotbacken (das geduldigen Warten und der säuerliche Geruch), harte Arbeit (und kochende Wut darüber, dass der Faulenzer genauso viel bekommt).

Körper und Geist gehören zusammen. Glaube passiert nicht außerhalb, sondern in dieser Welt. Jesus setzt einen neuen Bund, der nach Brot und Wein schmeckt.

Unsere griechisch-philosophische Denkprägung macht es uns manchmal schwer, das zu verstehen. Dass sinnliche Eindrücke mehr sind als ein kleines unnötiges Extra, das eigentlich nur der Unterhaltung dient und die Predigt ein bisschen aufpeppt. Dass wir nicht nur mit unserem Kopf lernen, sondern auch mit unseren Händen und Füßen. Obwohl wir schon lange wissen, dass wir nur einen Bruchteil von dem behalten, was wir lesen oder hören. Das meiste lernen wir, indem wir es tun.

Feste sind eine tolle Möglichkeit, um unseren Glauben mit all unseren Sinnen zu erleben. Um unseren Glauben mit der Zunge und den Händen abzutasten. Und im Feiern glauben mit allen Sinnen zu lernen.

ENTDECKUNG 5: FEIERN ZWISCHEN FRAGEN UND GESCHICHTEN

FEIERN ZWISCHEN FRAGEN UND GESCHICHTEN

Unsere Welt ist unglaublich! Ein Ort voller Wunder und Rätsel, die es zu entdecken und zu verstehen gilt. Wo geht das Wasser hin, wenn man im Klo die Spülung drückt? Warum sind Bananen gelb? Wie hoch können Vögel fliegen? Wie funktioniert ein Handy?

Die Welt ist voller Fragen und besonders Kinder sind Meister darin, sie zu stellen. Denn Fragen helfen, die Welt zu begreifen, und sind deshalb von ungeheurer Bedeutung.

Auch was den Glauben angeht. Manchmal geistert diese komische Vorstellung durch unsere Köpfe, dass Glaube und Fragen nicht zusammenpassen würden. Dass Glaube bedeute, still alle Fragen herunterzuschlucken und naiv alles abzunicken. Von wegen! Um zu glauben, dürfen wir zweifeln und suchen, wir dürfen heiß diskutieren und Fragen stellen, forschen, studieren und entdecken. Manchmal werden wir Antworten bekommen, manchmal werden wir mit dem Nichtverstehen leben müssen. Aber auch, wenn wir keine Antworten finden, so glaube ich doch, dass Gott sich in unserem Fragen finden lässt.

Das Volk Israel feiert seine Feste, um ins Fragen zu kommen: „Wenn eure Kinder eines Tages fragen, was dieser Brauch bedeutet, dann erklärt ihnen: ‚Der HERR hat uns mit starker Hand aus der Sklaverei in Ägypten befreit.'" (2. Mose 13,14) Mit anderen Worten: Sie sollen diese Feste feiern, damit ihre Kinder fragen: „Warum machen wir das?" Und dann ist die beste Gelegenheit, es ihnen zu erklären!

Manchmal habe ich das Gefühl, wir überschütten unsere Kinder mit einem Haufen von Wissen und Richtigkeiten und geben ihnen keine Gelegenheiten, Dinge selbst zu entdecken. Wir beantworten Fragen, die sie nie gestellt haben, wir rasen in einem halben Jahr durch die Heilsgeschichte und verpassen es, die Geschichten zu entdecken, zu erforschen und wirklich kennenzulernen. Mit unseren Fingern und Ohren, mit Farben, Experimenten, Gedichten, Gebeten, Musik, Stöcken, Steinen und Fantasie.

Feste können kleine Stolpersteine auf unserem alltäglichen Glaubensweg sein. Wie diese komischen Hubbel auf manchen Straßen, die einen zwingen, quälend langsam zu fahren oder sich die Stoßdämpfer völlig zu ruinieren. Die Feste mit ihren arbeitsfreien Tagen sind manchmal wie geistliche Straßenhubbel. Sie lassen uns im Schritttempo durch den Tag rollen und auf einmal haben unsere Fragen die Möglichkeit, hinterherzukommen und uns einzuholen. Die Fragen nach unserer Identität, Zugehörigkeit, der Endlichkeit, die Frage nach Sinn und Wahrheit oder manchmal auch nur, warum es an diesem Tag das komische Brot gibt und eine Tischdecke auf dem Tisch liegt. Fragen, an denen wir in unserem hohen Lebenstempo manchmal vorbeirasen.

Und Feste können Resonanzräume sein. Hier finden diese Fragen einen Raum, einen geschützten Rahmen, in dem sie schwingen dürfen. Viele dieser Fragen sind erst einmal etwas abstrakt und wenig greifbar, aber die Feste schaffen begreifbare Ausdrucksweisen. Wir legen Obst und Gemüse auf eine Holzkiste und fragen uns, wie Wachstum passiert. Was mein Anteil ist und was Gottes Part und ob er wirklich alles gemacht hat. Wir zünden Lichter an, weil wir ganz feste glauben wollen, dass Jesus stärker ist als alle Dunkelheit, und fragen uns, warum die nächtlichen Alpträume etwas anderes erzählen. Wir hören auf zu arbeiten und fragen uns, wer wir sind, wenn wir keine Schülerinnen oder Arbeitnehmer mehr sind. Wir sprechen Gebete und leihen uns Worte aus, weil uns die Worte fehlen.

Und neben den Fragen sind die Feste ja auch vor allem für die Antworten da. Antworten auf diese großen, alles bedeutenden Fragen. Und wie sehr liebe ich die Art und Weise, wie Gott Antworten gibt. Er antwortet auf diese hoch komplexen, großen Fragen des Lebens nicht mit Richtigkeiten, sondern mit Geschichten. Mit Geschichten, die so einfach sind, dass ein kleines Kind sie begreifen kann und trotzdem so tiefgründig, dass die größten Theologen sich an ihnen die Zähne ausbeißen. Wahrheiten, die so komplex sind, dass man sie nur in Geschichten beantworten kann. Und auf die es manchmal mehr als eine Antwort gibt.

Um zu feiern, müssen wir nicht immer alles bis ins kleinste Detail verstehen. Ich feiere Weihnachten und Ostern, ohne jemals ganz begriffen zu haben, was genau da passiert ist. Wie könnte ich auch! Aber jedes Jahr tauche ich ein bisschen tiefer ein.

Im Feiern schaffen wir Raum. Raum für Fragen und Antworten. Für Glauben und für Zweifel, für Geschichten und vor allem für Gottesbegegnungen.

Wir feiern, um Gottes große Geschichte zu erzählen. Das, was passiert ist und was noch passieren wird. Und wir, die mittendrin stehen. Also lasst uns feiern und Geschichten erzählen!

ENTDECKUNG 6: FEIERN, UM ZU GLAUBEN

FEIERN, UM ZU GLAUBEN

Es ist dunkel. Nur einige Kerzen beleuchten den großen Tisch, um den die ganze Familie versammelt ist. In der Mitte steht ein Teller mit dampfendem, gebratenem Fleisch. Erinnerungen kommen hoch. Das Schreien der Tiere in der Abenddämmerung. Hunderte gleichzeitig geschlachtet. Ähnlich ihrem eigenen Schreien. Jahre zuvor, als so viele ihrer Kinder dahingeschlachtet wurden. Die Jahre als Sklaven. Das Schreien zu ihrem Gott, die vermeintliche Stille.

Daneben das Brot. In aller Eile gebacken. Nicht wie sonst, über Tage hinweg gehen gelassen. Dazu war keine Zeit. Die Sachen sind gepackt. Mit dem Wanderstock in der Hand und den Schuhen an den Füßen, jederzeit bereit für den Aufbruch.

Eine Schüssel mit Kräutern. Bitter wie die letzten Jahre.

Es riecht nach Blut. Ihre Türpfosten sind damit getränkt. Blut, das sie retten wird.

Die letzten Wochen sitzen ihnen in den Knochen. Hin- und hergerissen zwischen Hoffen und Bangen. Zu schön, um wahr zu sein.

Auf einmal durchzucken fürchterliche Schreie die Stille der Nacht. Die Schreie der Ägypter. Es geht los …

(nach 2. Mose 12,1ff)

Das Volk Israel steht kurz vor dem bedeutendsten Ereignis seiner Geschichte. Ein Ereignis, das sie für alle Zeit prägen und ihren Glauben definieren wird. Ein Ereignis, das ihrem Gott einen Namen gibt. Der „Ich bin der Ich bin“ (2. Mose 3,14) ist ihr „Gott, der dich aus Ägypten geführt hat!“ (2. Mose 20,2). Sie sind ein Volk von Geretteten. Sie gehören (zu) ihm.

Alles ist bereit zum Aufbruch. Doch bevor es losgeht, schenkt Gott seinem Volk noch ein Fest. Er hätte ihnen so vieles geben können, das sie an diesen Augenblick erinnert und sie glauben lehren sollte. Eine Ansprache, ein Gebet oder ein Symbol. Aber er schenkt ihnen ein Fest. Das Passahfest.

Und wenn wir ganz genau hinschauen, finden wir überall in der Bibel kleine Bemerkungen, die Bezug auf dieses Ereignis nehmen (Daniel 9,15; Hosea 12,10; Jeremia 34,13; Psalm 81,11 und viele mehr). Immer wieder heißt es dort: „Erinnere dich, Israel! Ihr wart Sklaven in Ägypten und ich habe euch befreit. Das seid ihr und das soll euer alltägliches Tun bestimmen. Die Art und Weise, wie ihr mit Fremden umgeht (3. Mose 19,34), was als rein und unrein gilt (3. Mose 11,45), wie ihr mit Recht umgeht (3. Mose 19,36), wie geopfert wird (3. Mose 22,33), wie ihr mit den Geboten umgeht (4. Mose 15,41), wie ihr Krieg führt (5. Mose 20,1).

Und weißt du was? Gott spricht so zu allen Israeliten! Nicht nur zu der Generation, die damals beim Auszug und beim ersten Passahfest tatsächlich dabei gewesen ist. Auch ihre Kinder und Urenkel spricht er so an! Menschen, die niemals in Ägypten gelebt haben, die niemals Sklaven waren.

Und hier kommt das Passahfest ins Spiel. Denn beim Feiern erinnern sich die Israeliten nicht nur an eine längst vergangene Geschichte. Im Feiern und Glauben finden sie ihren Platz in dieser großen Geschichte Gottes mit seinem Volk und werden ein Teil davon. Es ist ihre Geschichte. Es geht dabei also um nichts Geringeres als um die Bildung und Vergewisserung der Identität Israels als Volk Gottes. Feiern ist identitätsstiftend, gerade auch für religiöse Identität. Das bedeutet aber auch, dass Identität durch Anschluss an die Heilstaten Gottes „lernbar" ist. Einfach ausgedrückt: Im Feiern der Feiertage kann man Glauben lernen. Und das ist unglaublich, oder?

Indem ich zum Beispiel Ostern feiere, erinnere ich mich nicht an eine Geschichte, die vor über 2000 Jahren einmal passiert ist und mich nichts mehr angeht. Nein, ich setzte mich mit den Jüngern an den Tisch zu Jesus. Nehme das Brot, das er bricht, und den Wein, den er gibt, und auch mir gelten die Worte: „Mein Leib, für dich gebrochen, mein Blut, für dich vergossen", auch wenn ich damals vor 2000 Jahren nicht anwesend war. Feiern ist nicht nur Erinnerung, es ist Teilhabe an dieser Geschichte.

Deshalb ist es auch so wichtig, dass wir die Geschichten, die hinter diesen Festen stehen, kennen und sie erzählen. Weil es eben auch unsere Geschichte ist.

ENTDECKUNG 7: DAS FESTJAHR

DAS FESTJAHR

Wenn die jüdischen Feste beschrieben werden, geht es auch immer darum, dass sie in einen jährlichen Festzyklus eingebettet sind und Jahr für Jahr wiederholt werden sollen.

Jedes Jahr um dieselbe Zeit gibt es ein paar Tage, die einem bestimmten Fest und damit auch einem bestimmten Thema gewidmet sind. Bei den jüdischen Festen sind das zum Beispiel das Passahfest (die Befreiung aus Ägypten), das Wochenfest (Abschluss der Weizenernte und die Gabe der Zehn Gebote) oder der große Versöhnungstag (Versöhnung zwischen Gott und seinem Volk).

Und nun wird es ein bisschen tricky, denn bisher haben wir ganz selbstverständlich über die Feste geredet, die Gott dem Volk Israel geschenkt hat. Nun schreibe ich hier allerdings nicht als Jüdin, sondern als eine, die Jesus nachfolgt. Und während viele der jüdischen Feste doch auch irgendwie mit meinem Glauben zusammenhängen, so sind es noch einmal andere Ereignisse, die mich und meinen Glauben definieren. Nicht der Auszug aus Ägypten, sondern Jesu Tod am Kreuz und seine Auferstehung ist das Ereignis, das meinen Glauben am nachhaltigsten prägt. Und ein wenig neidvoll muss ich erkennen, dass wir in der Bibel vergeblich nach den typischen christlichen Festen suchen. Wie feiert man Weihnachten, Ostern, Pfingsten? Und welche Feste gibt es überhaupt zu feiern?

Zum Glück bin ich ja nicht die Erste, die sich solche Gedanken gemacht hat. Schon vor mir waren da viele Generationen von Christen und Christinnen, die sich mit diesem Thema beschäftigt haben. Anfangs hatten die ersten Christen wahrscheinlich gar nicht daran gedacht, die Festtage zu feiern. Schließlich rechneten sie jeden Augenblick damit, dass Jesus wiederkommen würde. Doch als das dauerte, entwickelten sich nach und nach die ersten christlichen Feiertage. Zunächst wurde Ostern zum jährlichen Fest der Christen. Später kamen das Weihnachtsfest sowie die Passions- und Adventszeit hinzu. In Konkurrenz dazu entwickelte sich ein Heiligenkalender, der die christlichen Märtyrer und Märtyrerinnen feierte. Später kamen die sogenannten Ideenfeste, wie beispielsweise Trinitatis, hinzu. Den Abschluss bildeten geschichtliche Ereignisse wie die Reformation. So entstand das Kirchenjahr. Es ist mit der Zeit gewachsen, es verändert sich und ist in Bewegung (wenn auch sehr gemütlich).

In den verschiedenen Konfessionen werden bis heute unterschiedliche Schwerpunkte gesetzt und in den verschiedenen Denominationen haben das Kirchenjahr und die Feste auch eine ganz unterschiedliche Gewichtung.

Wenn du in den zweiten Teil dieses Buches blätterst, dann findest du also nicht „das Kirchenjahr", sondern eine von mir getroffene Auswahl. Ich orientiere mich am Kirchenjahr der evangelischen Kirche, doch manche Feste und Bräuche, wie zum Beispiel das Laternenlaufen an Sankt Martin, sind durch den Kindergarten und unser Umfeld so präsent, dass sie mit zu unserem Kirchenjahr gehören.

Das Kirchenjahr ist aber nicht nur ein Festkalender, es ist gleichzeitig wie ein kleiner Glaubensgrundkurs. Hier werden die Basics, die allerwichtigsten Glaubensinhalte aufgegriffen. Themen, an denen die großen Theologen seit Jahrhunderten herumdiskutiert haben und zu denen seitenlange, dicke Dogmatiken geschrieben werden. In hochtheologischen, komplizierten Sätzen. Angefangen von der Menschwerdung Jesu, der Frage nach der Erlösung, dem Verständnis des Heiligen Geistes bis hin zur Frage nach der Ewigkeit. Du glaubst gar nicht, wie ich vor Erleichterung aufgeseufzt habe, als ich das entdeckt habe! Wie oft habe ich mich gefragt, wo ich anfange mit all den Geschichten und Themen, die ich meinen Kindern unbedingt weitergeben will.

Gerade wenn es um Glaubensdinge geht, passiert es mir manchmal, dass ich etwas unentspannt bin. Aber der jährliche Rhythmus nimmt mir unglaublich viel Druck. Zum Beispiel, wenn mein Dreijähriger das mit Tod und Auferstehung nicht kapiert und dauernd erzählt, dass Jesus wie Schneewittchen ist. Denn ich weiß: Wenn ich es dieses Jahr nicht hinbekomme, meinen Kindern die Bedeutung von Ostern richtig zu vermitteln, dann haben wir noch das Jahr darauf Zeit. Und das Jahr darauf und darauf und darauf … Und auch ich muss heute nicht alles verstehen. Natürlich kann ich in fünf Sätzen erklären, wie das mit Jesu Tod und Auferstehung funktioniert, aber ganz ehrlich, ich weiß nicht, ob ich jemals ganz begreifen kann, was da eigentlich passiert ist.

Ich glaube an Gott, den Vater,
den Allmächtigen,
den Schöpfer des Himmels und der Erde. ***(Erntedank)***

Und an Jesus Christus,
seinen eingeborenen Sohn, unsern Herrn,
empfangen durch den Heiligen Geist, ***(Advent)***
geboren von der Jungfrau Maria, ***(Weihnachten)***
gelitten unter Pontius Pilatus,
gekreuzigt, gestorben und begraben, ***(Karfreitag)***
hinabgestiegen in das Reich des Todes, ***(Karsamstag)***
am dritten Tage auferstanden von den Toten, ***(Ostersonntag)***
aufgefahren in den Himmel;
er sitzt zur Rechten Gottes,
des allmächtigen Vaters;
von dort wird er kommen,
zu richten die Lebenden und die Toten. ***(Himmelfahrt)***

Ich glaube an den Heiligen Geist,
die heilige christliche Kirche,
Gemeinschaft der Heiligen, ***(Pfingsten)***
Vergebung der Sünden, ***(Buß- und Bettag)***
Auferstehung der Toten
und das ewige Leben. ***(Ewigkeitssonntag)***
Amen.

(Apostolisches Glaubensbekenntnis)

ENTDECKUNG 8: TRADITIONEN

TRADITIONEN

Stöhnend surfe ich durch sämtliche Rezeptseiten im Internet. Ich bin auf der Suche nach Rezepten für Weihnachtskekse. So wie jedes Jahr. Ich stolpere über kleine Kunstwerke, eins hübscher als das andere, und habe die Auswahl zwischen „den besten Vanillekipferl der Welt", „Oma Annas Bubenspitzle" und einem kleinen Nervenzusammenbruch – wegen Keksrezepten. Ich lege das Handy zur Seite, während die Frage nach dem Weihnachtsessen einer kleinen Krisensitzung gleicht.

Ich motze und schimpfe und bin kurz davor, Weihnachten einfach ausfallen zu lassen – wegen blöden Keksrezepten und der nervtötenden Essensauswahl.

Was ist da bitte passiert? Jesus wird Mensch, er kommt zu uns! Und statt zu feiern, versuche ich es so schnell und unbeschadet wie möglich hinter mich zu bringen. Wenn ich in die müden Gesichter meiner Freundinnen schaue, merke ich, dass ich nicht alleine bin. Zwischen Wunschzetteln, Adventsfeiern und Menüauswahl geht uns manchmal das verloren, worum es bei diesen Feiertagen eigentlich geht. Wir backen, organisieren, besorgen – und vergessen, unsere Wohnung und unser Leben weit aufzumachen und Jesus mit einzuladen. Da frisst das WIE so viel Kraft, dass das WAS sich unbeachtet in eine Ecke verzieht. Nach Weihnachten und Ostern haben wir dann erstmal die Nase voll, sodass wir uns kaum an all die anderen Feste trauen, die noch ausstehen.

Aber das möchte ich nicht! Ich möchte feiern und essen und lachen und vor allem möchte ich Jesus treffen. Auch wenn das heißt, jedes Jahr auf Papptellern trockenen Kartoffelsalat zu futtern. Vielleicht sind es auch genau diese zwei Sachen, die uns dabei helfen, die Feiertage ein wenig entspannter zu nehmen: Einfachheit und Wiederholungen.

Neues hat seinen Reiz – ohne Frage! Aber es kostet auch eine Menge Kraft. Vielleicht liegen deshalb in unseren Küchen so viele ungenutzte Rezeptbücher mit leckeren, abgefahren Rezeptideen und wir kochen doch wieder nur Maultaschen und Spaghetti. Wir nehmen denselben Weg zur Arbeit, kaufen in den gleichen Geschäften die gleichen Nahrungsmittel und ziehen aus unseren vollgestopften Kleiderschränken die gleichen Teile, immer wieder.

Wir Menschen sind Gewohnheitstiere. Und das aus einem ganz einfachen Grund: Es ist effektiv. Es spart Zeit und Kraft, die bei jedem von uns begrenzt sind. Unser Alltag ist vollgepackt mit tausend kleinen und großen Entscheidungen, die wir treffen müssen, und irgendwann sind wir einfach entscheidungsmüde. Deshalb entwickelt der Mensch Gewohnheiten – bewusst oder unbewusst. Manche davon werden weitergegeben und nach und nach zu Traditionen. Wir alle haben unsere eigenen Familien-Feiertagstraditionen. Aber was wäre, wenn wir sie bewusst gestalten und dabei einfach auch ein bisschen aussortieren würden?

Feste oder Rituale und Liturgien sind wie ein Rucksack. Sie sind unglaublich nützlich, um Inhalte zu transportieren, und manchmal wundert man sich, wie viel in so einen Rucksack reinpasst. Doch ab und zu passiert eben, was bestimmt schon mal jedem von uns passiert ist: Wir lassen die Wasserflasche oder den wichtigen Antrag auf dem Küchentisch liegen und spazieren mit leerem Rucksack durch die halbe Stadt, bevor wir merken, dass wir das Wichtigste vergessen haben.

Manchmal verselbstständigen sich äußerliche Glaubensformen und wir merken erst ein paar Jahre später, dass wir eigentlich einen leeren Rucksack mit uns herumtragen. Und von außen merkt man manchmal gar nicht, ob so ein Rucksack gefüllt ist oder nicht.

Aber das ist kein Grund, den ganzen Rucksack wegzuwerfen. Wir dürfen ihn aufmachen und anfangen, ihn neu zu bepacken. Wenn du möchtest, machen wir das gemeinsam im zweiten Teil des Buches. Wir öffnen unsere Rucksäcke und schauen, was da so alles drin ist. Vielleicht finden wir Verlorengeglaubtes oder wundern uns, warum wir so viel Unnötiges rumschleppen. Wir packen ein paar neue Dinge ein und füllen ein bisschen Wasser nach. Vielleicht gibt es die eine oder andere Dose, die schon einige Wochen vor sich hingammelt (wie Schulbrote nach den Sommerferien) und wir packen neuen Proviant ein. Und dann machen wir uns auf den Weg. Laufend, stolpernd, schwitzend, durch saftige Wiesen und dunkle Täler. Ab und zu halten wir an, öffnen unseren Rucksack, um uns zu stärken. Teilen die Kekse mit der Person neben uns und dann geht es weiter: Jesus hinterher.

Also lass uns gute Feiertags-Traditionen schaffen. Lass uns jedes Jahr die gleichen Plätzchen backen, dieselben Sachen beim Osterbrunch essen und die gleiche Tischdeko verwenden. Lasst uns gemeinsam kleine Liturgien entwickeln, für Erntedank und Pfingsten, und sie jedes Jahr aufs Neue wiederholen. Lasst uns das WIE ein bisschen vereinfachen, damit ganz viel Platz für das WAS bleibt. Ja ich glaube, Traditionen helfen. Vielleicht sind sie anfangs ein bisschen fremd, aber nach und nach wachsen wir hinein und fühlen uns in ihnen zu Hause. Wie das Paar Lieblingsschuhe, das ein bisschen eingelaufen werden muss, aber dann nie wieder hergegeben wird.

Und dann lasst uns schauen, dass unsere Traditionen nicht hohl werden. Lasst sie uns mit Leben füllen. Echtem, chaotischen Leben! Mit all seinen Ängsten, Nöten und Sorgen, Fragen, Zweifeln, den kleinen Siegen, Mut- und Schwächeanfällen. Und gerade wenn das Leben einen überrollt, dann finden wir in Traditionen Worte und Gewohnheiten, die wir uns ausleihen dürfen. Wenn uns die Worte fehlen oder die Kraft, Entscheidungen zu treffen.

Ich glaube ganz fest daran, dass dann auch das WER kommt. Dass wir Antworten darauf finden, WER wir sind – Geliebte, Geschaffene, Gerettete, Geisterfüllte, Hoffnungsvolle, Kinder mit einem großen Funken Ewigkeit im Herzen. Und dass wir finden, WER Gott ist. Mensch, Freund, Tröster, Beistand, Retter, Schöpfer, Sieger, da.

Um dem ein bisschen näherzukommen, würde ich sogar jedes Jahr an Weihnachten Butterbrot essen!

ENTDECKUNG 9: FEIERN IM KULTURELLEN KONTEXT

FEIERN IM KULTURELLEN KONTEXT

Nicht nur die Zeit, auch das Umfeld hat das Kirchenjahr mitgeformt. Denn da standen sie nun, die ersten Christen. Zwischen den jüdischen Feiertagen und den Festen ihres Umfeldes. Griechische, römische, keltische Feiertage.

Sie wollten feiern, um sich zu erinnern. An das große Ereignis, das sie und ihren Glauben definierte. Ihnen sagte, wer sie sind. WAS gefeiert wurde, war klar. Die Frage war nun: WIE?

„Wenn ich da nicht hindarf, dann hau ich einfach ab und gehe alleine!", schreit mir mein damals vierjähriger Sohn entgegen und rennt wutentbrannt die Straße entlang. Alle seine Kindergartenfreunde erzählen seit Tagen, wie sie sich verkleiden, damit sie um die Häuser ziehen und Süßigkeiten einsammeln dürfen. Wenig begeistert sitzen mein Mann und ich abends zusammen und überlegen. Was machen wir jetzt?

Es geht um Halloween. Im Freundeskreis und in den sozialen Netzwerken suche ich nach Ideen, doch hinterher bin ich auch nicht viel schlauer. Hier ist die ganze Bandbreite vertreten. Die einen grenzen sich völlig von diesem „okkulten" Fest ab. Warnen davor und verteilen Anti-Halloween-Flyer. Es gibt einige, die alternative Feste planen. Wieder andere feiern einfach mit. Und wieder andere setzen beim Feiern einfach einen anderen Akzent.

Wer sich an dieser Stelle eine Lösung erhofft, den muss ich leider enttäuschen. Die hätte ich mir auch gewünscht, aber die gibt es leider nicht. Jedes Jahr ringe ich aufs Neue damit, was wir an diesem Tag machen. Und bis jetzt machen wir es jedes Jahr ein wenig anders. Vielleicht ist das aber auch gar nicht so schlecht, weil es uns zeigt, dass diese Entscheidung nicht so einfach ist. Wir sind nicht die Ersten, denen es so geht, und wir werden auch nicht die Letzten sein. Unsere Eltern stellten sich diese Frage, als es um Fasching ging. Die ersten Christen, als sie sich den großen Götterfesten gegenübersahen.

Was machte ein junger Christ in Rom, der jedes Jahr aufs Neue sah, wie das Fest des römischen Sonnengottes gefeiert wurde? Dessen Kinder vielleicht auch schrien: „Wenn ich da nicht hindarf, dann hau ich einfach ab und gehe alleine!“ Der Jesus gefunden und nur ihn verehren und anbeten wollte – und vielleicht bereit war, dafür mit seinem Leben zu bezahlen. Der aber auch Jesus zu den Menschen bringen wollte.

Ja, was machte so jemand? Wahrscheinlich das Gleiche wie wir: darum ringen, das Richtige zu tun, und dann einfach machen und glauben, dass Jesus uns nicht loslässt. Vielleicht lässt es uns demütig werden, wenn wir begreifen, dass die Antwort auf diese Frage nicht so eindeutig ist, wie wir vielleicht dachten. Denn wir folgen einem Gott nach, der ganz schön aneckt. Der sich nicht nett in die Welt um uns herum einfügt, aber der diese Welt so sehr liebt, dass er sich mitten hineinwirft.

Im zweiten Teil dieses Buches fällt dir vielleicht auf, dass immer mal wieder vermeintlich „heidnische“ Symbole auftauchen, Tannenbäume, Osterfeuer, der 25. Dezember. Manchmal hört man den Vorwurf: Das ist eigentlich gar kein christliches Fest! Oder diese oder jenes ist ein heidnisches Symbol! Jein.

Vor zwei Jahren haben wir Halloween gefeiert. Wir haben uns verkleidet und Süßes oder Saures an der Tür verteilt. Wir haben „heidnische Bräuche“ genommen, aber wir haben dem Fest eine andere Bedeutung gegeben. Wir haben gefeiert, dass Jesus größer ist als all unsere Angst. Egal, wie gruselig oder dunkel es ist, wenn Jesus bei mir ist, kann mir nichts passieren.

War das jetzt ein heidnisches oder ein christliches Fest? Den Anstoß hat ein heidnisches Fest gegeben, einige Bräuche haben wir übernommen. Aber wir haben Jesus gefeiert! Und wie!!! Und stell dir vor, es würden sich viele Gemeinden unserem Fest anschließen und es würde irgendwann in das Kirchenjahr aufgenommen werden. Und wenn wir dann jedes Jahr Ende Oktober das Fürchte-dich-nicht-Fest feiern, wäre es dann ein christliches Fest oder nicht?

Wie gesagt: Als sogenannte „Heidenchristen“ (das sind Christen, die aus einem nicht-jüdischen Hintergrund kommen) kommen wir aus einem Umfeld, das nicht an den Gott Israels glaubt und nicht die jüdischen Feste feiert.

Es ist ein Umfeld, in dem eine andere Religion und ein anderes Denken das Leben, das Feiern und den Glauben geprägt haben. In diesem Umfeld, oft auch mit dieser symbolischen Sprache, haben die ersten heidnischen Christen ihren Gott geehrt und gefeiert!

Wenn wir die Bibel in eine andere Sprache übersetzen, benutzen wir die Wörter, die wir dafür kennen. Unser Kontext ist unsere kulturelle Muttersprache. Hier haben wir gelernt, wie man feiert, was man isst, wie man dekoriert und welche Symbolik man benutzt, wenn man etwas ausdrücken will. Wir wissen also, WAS wir feiern – Jesus, der als Licht dieser Welt zu uns kommt –, aber für das WIE benutzen wir eben die Sprache, die wir kennen.

ENTDECKUNG 10: FEIERN LERNT MAN, INDEM MAN FEIERT

FEIERN LERNT MAN, INDEM MAN FEIERT

Die Sonne ist gerade aufgegangen, ein wenig außer Atem stehen die Jünger da. Mitten auf dem Berg und vor ihnen Jesus! Seit seiner Auferstehung war er immer wieder aufgetaucht und wieder verschwunden. Er hatte mit ihnen gegessen und getrunken und ihnen so viel über das Reich Gottes erzählt. Die Sonne blendet sie und Jesus sagt: „Es ist Zeit, Abschied zu nehmen. Vergesst nicht: Ich bin bei euch. Bis zum Ende." Und dann gibt er ihnen einen Auftrag. Eine Aufgabe, die so gewaltig ist, dass sie ihnen den Atem nimmt. Darauf hatte Jesus sie vorbereitet: „Geht in alle Welt hinaus! Erzählt allen Völkern von mir. Macht sie zu Jüngern, tauft sie und lehrt sie halten alles, was ich euch geboten habe." (nach Matthäus 28,16ff)

Ich habe ein paar Jahre und einen kleinen Anstoß gebraucht, bis ich kapiert habe: Da steht gar nicht „lehrt sie", sondern „lehrt sie halten". Jesus sagt nicht: „Ihr sollt den Menschen alles darüber erklären, was sie über den Glauben wissen müssen", sondern: „Ihr sollt ihnen beibringen, wie man glaubt". Und das ist ein gewaltiger Unterschied!

Unsere Kirchen sind voll von Menschen, die eine Menge über Jesus wissen, aber die sich schwer damit tun, mit ihm zu leben. Die theoretisch sehr viel übers Beten wissen, aber die nicht beten. Die wissen, wie wichtig Stille ist, aber nicht zur Ruhe finden. Die bei jeder zweiten Geschichte laut „Kenn ich schon!" rufen wollen, aber die im Alltag keine Ahnung haben, wie man mit Jesus lebt. Und die wissen, dass Gott sie liebt, aber so leben, als müssten sie es sich verdienen.

Und seien wir mal ehrlich: Das ist auch nicht so einfach. Vielleicht haben wir zu lange geglaubt, dass an Gott glauben bedeutet, seine Existenz zu bejahen und ein paar „richtigen" Glaubenssätzen zuzustimmen. Aber Glauben bedeutet Jesus nachfolgen. Mit ihm durch meinen Alltag gehen, durch dunkle Täler und sonnige Wiesen. Stolpern und wieder aufstehen, sich aus dem Dreck ziehen lassen. Wir brauchen Menschen, die uns zeigen, wie man das macht. Wie man sich lieben lässt, wie man mit Jesus redet, wie man leitet und vergibt. Wie man ihm vertraut und wie man feiert. Wie man zweifelt und scheitert und was man dann macht.

Nicht mit Worten und Erklärungen – zumindest nicht nur. Sondern durch ihr Vorbild, durch Fehlermachen und Ausprobieren.

Ein bisschen ironisch ist dieser Abschnitt ja schon. Ich schreibe ein Buch, in dem ich übers Feiern erzähle, um dann zu behaupten (nachdem du dich tapfer durch die ersten Seiten gekämpft hast), dass all dieses theoretische Wissen eigentlich wenig sinnvoll ist. Und ja, das stimmt! Es wäre so viel schöner, wenn ich dich einfach zu uns an unseren Tisch einladen könnte.

Dann würden wir zum Beispiel Erntedank feiern. Ich würde dir zeigen, wie man einen Kürbis anbaut und ihn vor einer Horde Schnecken schützt. Wir würden zusammen Kartoffelsuppe kochen und Apfelkuchen backen. Du würdest mich schimpfen hören, während ich alles organisieren muss. Zwei Tage vorher würdest du mich trösten, während ich mich frage, warum in aller Welt ich mir das antue und ob ich alles wieder absagen soll. Du würdest unsere Kinder alle zehn Minuten fragen hören: „Wann kommen endlich die Gäste?" Wir würden einen Erntedank-Tisch bauen und jemand würde mit einer Zwiebel Fußball spielen und den ganzen Dreck in der Wohnung verteilen. Dann würden wir zusammen feiern. Essen und Trinken, ich würde hoffen, dass wir darüber reden, wofür wir dankbar sind, und keiner würde so richtig mitmachen. Bei der Geschichte würde die Hälfte der Kinder den Raum verlassen, um spielen zu gehen. Und wenn wir hinterher abspülen, dann würdest du lächeln und denken: Das bekomme ich auch hin!

Ja, das würde ich gerne tun! Nicht nur übers Feiern reden, sondern gemeinsam feiern! Aber vielleicht kann ich dir ja Mut machen, dass du der- oder diejenige bist, die einfach mal anfängt. Die ausprobiert und andere an ihren Tisch einlädt. Denn weißt du was? Wir müssen eigentlich gar nicht so viel über den Glauben oder übers Feiern wissen. Das Wichtigste lernt man beim Machen. Beim Fehlermachen und beim Richtigmachen. Glauben lernt man an jedem Tag, an dem man aufsteht und Jesus hinterherläuft. Und feiern lernt man, indem man feiert!

TEIL 2: WIE MAN FEIERT

Jetzt geht es endlich los! Doch bevor wir starten, darfst du noch ein paar Kleinigkeiten wissen, die dir das mit dem Feiern etwas erleichtern.

Versuche nicht, direkt mit allen Festen einzusteigen. Im ersten Jahr ist es deutlich mehr Aufwand, weil ihr Materialien besorgen und herstellen müsst und es immer mehr Zeit kostet, wenn man Dinge das erste Mal ausprobiert. Deshalb beginnt mit zwei oder drei Festen und lasst eure Traditionen – wie das Kirchenjahr selbst – mit der Zeit wachsen. Auch wir schaffen es im Moment nicht, jedes Jahr alle Feiertage zu feiern. Und weißt du was? Das ist auch völlig in Ordnung!

An Material braucht es gar nicht viel. Es genügt:

1. eine hübsche Kiste – unsere Feierkiste
   (am Anfang tut es auch ein Papp- oder Schuhkarton)
2. eine Kiste, um die Materialien das Jahr über zu verstauen
   und immer zur Hand zu haben
3. Figuren (aus Holz, Lego oder Duplo, durchsucht einfach
   mal das Kinderzimmer)
4. eine Feiertagsecke: ein kleines Plätzchen im Wohnzimmer
   (ein Tischchen, eine Ecke, ein Regal)

Und noch eine kleine Erinnerung: Das hier ist ein Arbeitsbuch! Also hol deine Stifte und Klebezettel raus. Probiert aus und übernehmt die Sachen, die gut für euch funktionieren. Was nicht zu euch passt, das streicht einfach. Dieses Buch ist nicht dafür gedacht, im Schrank zu stehen, sondern mit Keksteig bekleckert zu werden und Eselsohren abzukriegen. Und jetzt legt los und habt jede Menge Spaß!

WEIHNACHTS-KREIS

Warten
Es beginnt
Klein, leise und hilflos
Ganz anders als erwartet
Im Dunkeln in der Nacht
Mitten im Dreck dieser Welt
Immanuel
Gott, der zu uns kommt.

YEAH!
jesus freaks

ADVENT

Macht den Weg frei für den Herrn!
Räumt alle Hindernisse weg!
Lukas 3,4

Worum geht es bei diesem Fest?

Es duftet nach Plätzchen, leise Weihnachtstöne und sanftes Kerzenlicht begleiten uns in diesen Tagen. Oder nicht? Vielleicht schieben wir auch einen Einkaufswagen durch schrill beschallte und blinkend leuchtende Läden, um unsere nicht enden wollende Wunsch- und Einkaufsliste abzuarbeiten. Neben dem Einkaufswagen schieben wir unzählige Überstunden, um die letzten Projekte vor dem Weihnachtsurlaub abzuschließen. Möglicherweise ist unsere Adventszeit schön besinnlich und gemütlich. Oder hektisch und laut, voll mit Ansprüchen und schlechtem Gewissen. Doch beides hat sehr wenig damit zu tun, was eigentlich an Advent passiert.

Advent oder *adventus Domini* bedeutet wörtlich „Ankunft (des Herrn)". Es ist ein wartendes Bereitmachen auf das Kommen des versprochenen Retters. In der Adventszeit erinnern wir uns an das Warten auf das erste Kommen Jesu, damals vor über 2000 Jahren in einem Stall. Und wir bereiten uns auf sein zweites, noch bevorstehendes Kommen vor.

Aber wie funktioniert das? Wie bereitet man sich darauf vor, Jesus zu begegnen? Wie kann man sein Herz und Leben für sein Kommen vorbereiten? Wie schaffen wir Platz für ihn in unserem lauten, hektischen, vollgestopften Alltag?

Ich vermute fast, dass die wenigsten diese Frage mit Plätzchen backen, Geschenke shoppen und Überstunden schieben beantworten werden. Viele Generationen Christen vor uns haben diese Frage bewegt. Gefunden haben sie verschiedene Übungen, die dabei helfen, sich bereit zu machen, um

Gott zu begegnen. Fasten, Feiern, Beten, Stille, Fürbitte, Gerechtigkeit üben, Einfachheit leben, weggeben, was wir nicht brauchen, Einsamkeit suchen, Gemeinschaft leben, Meditation, Bibelstudium, Zeit in der Natur, das Herz Jesu-Gebet und viele mehr.

Vielleicht ist es kein Zufall, dass das Kirchenjahr genau mit dieser Frage beginnt: Jesus, wie kann ich dir begegnen?

Es ist wie die Vorbereitung auf einen lang ersehnten Besuch. Wir saugen die Wohnung, putzten das Klo, bringen den Müll runter. Wir stellen Blumen auf den Tisch und backen Kuchen. Und dennoch tragen wir nichts, wirklich nichts dazu bei, ob und wann dieser Besuch kommt. Das ist das Geheimnis um Advent.

Hintergrundinfo

Das Kirchenjahr beginnt im Gegensatz zum Kalenderjahr nicht an Neujahr, sondern mit dem ersten Adventssonntag. Ursprünglich war die Adventszeit eine Fasten- und Bußzeit. Daran erinnert heute noch die liturgische Farbe Lila, die für Umkehr und Buße steht.

Bräuche und Traditionen

Adventskranz

Der Adventskranz ist noch gar nicht so alt. Vor etwas mehr als 150 Jahren lebte in Hamburg ein evangelischer Pfarrer namens Johann Hinrich Wichern. Die Not der vielen Straßenkinder seiner Zeit ließ ihm keine Ruhe und so gründete er ein Waisenhaus. Abends erzählte Wichern oft biblische Geschichten und je näher das Weihnachtsfest rückte, desto ungeduldiger wurden die Kinder. Daraufhin nahm Wichern ein Wagenrad und befestigte so viele Kerzen darauf, wie es Tage vom ersten Advent bis zum Heiligen Abend waren. Jeden Tag im Advent durfte eines der Kinder eine Kerze anzünden

– eine kleine rote für die Werktage, eine dicke weiße für die Adventssonntage. Dadurch wussten die Kinder, wie viele Tage es noch bis Weihnachten dauerte, und jeden Abend wurde es ein wenig heller und wärmer im Raum.

Weihnachts- und Adventslieder

Schon in der Bibel finden wir ein Adventslied, nämlich in Lukas 1,46ff – der Lobgesang der Maria. Auch von den ersten Christen wissen wir, dass sie Lieder gedichtet und gesungen haben (Epheser 5,19; Philipper 2,6). Im Mittelalter sang der Priester lateinische, liturgische Lieder, doch mit der Reformationszeit wurde das gemeinsame Singen deutscher Weihnachtslieder üblich.

Plätzchen backen

Es gibt kaum etwas, das man mehr mit Advent verbindet als das gemeinsame Backen und Naschen von Weihnachtskeksen. Das ist deshalb erstaunlich, weil Advent ursprünglich eine Fastenzeit war. Woher dieser Brauch genau stammt, dazu gibt es mehrere Theorien.

Eine besagt, dass die Kelten während der Zeit der Wintersonnenwende kleine Fladen backten, um die Geister mit diesen Opfern gnädig zu stimmen. Irgendwann wurden aus den Fladen dann flache Kekse.

Im Mittelalter wurden in den Klöstern zur Weihnachtszeit dann erstmals kleine Kuchen und Stollen gebacken. Dabei wurden orientalische Gewürze (Zimt, Nelken, Muskat, Kardamom) verwendet und das Gebäck wurde an die ärmere Bevölkerung verschenkt.

Gut zu wissen

Jeder der vier Adventssonntage hat einen bestimmten Schwerpunkt.

Erster Advent: Jesu Einzug in Jerusalem: „Seht, euer König kommt zu euch! Er ist gerecht und bringt euch Rettung.“ (Sacharja 9,9)

Zweiter Advent: Wiederkunft Jesu: „„Seid zuversichtlich – mit festem Blick und erhobenem Haupt! Denn eure Rettung steht kurz bevor.“ (Lukas 21,28)

Dritter Advent: Johannes der Täufer: „Bahnt dem HERRN einen Weg, der HERR kommt als ein mächtiger Gott.“ (Jesaja 40,3.10)

Vierter Advent: Maria: „Freut euch zu jeder Zeit, dass ihr zum Herrn gehört. Und noch einmal will ich es sagen: Freut euch! Der Herr kommt bald!" (Philipper 4,4.5b)

Wie feiern wir Advent?

Wie schaffen wir es, den Advent sinnvoll zu gestalten, ohne einfach weitere stressige Punkte auf unsere nicht enden wollende To-do-Liste zu schreiben? Inklusive schlechtem Gewissen, weil wir uns bitte schön ein bisschen besinnlicher fühlen und mehr an Jesus denken sollten … Vielleicht können wir die Adventszeit als Fastenzeit neu entdecken. Wo man mehr sein lässt als zu tun. Wo wir Platz schaffen statt Programm machen. Wo wir zu vielem Nein sagen, um zu wenigem Ja sagen zu können.

Dieses Ja heißt bei uns, dass wir als Familie die Adventssonntage nutzen, um zusammen die Weihnachtsgeschichte zu entdecken. Manchmal würde ich gerne jeden Tag gemütlich und besinnlich auf dem Sofa sitzen und mit Kerzen und Keksen eine Adventsandacht lesen, aber weder ich noch die Kinder halten das lange durch. Deshalb suchen wir uns vier biblische Geschichten aus und konzentrieren uns auf den Sonntag. Das schaffen wir!

Pünktlich zum ersten Advent steht unsere Feierkiste vor der Tür. Die ist diesmal ziemlich schwer, denn darin versteckt ist unser Adventskranz und all unsere Weihnachtsdeko, zusammen mit einer Packung Lebkuchen und Tee. Gemeinsam schmücken wir das Wohnzimmer, packen Tee und Kekse aus und hängen unseren Adventskalender auf.

Neben einem Süßigkeitenkalender (so einem billigen mit Schokolade, den unsere Kinder heiß und innig lieben!) haben wir einen großen Kalender, der uns hilft, die Weihnachtsgeschichte zu entdecken und der schon am 1. Advent beginnt.

Immer wieder schlüpfen hier Krippenfiguren aus den Säckchen und jeden Sonntag erzählt eine von ihnen ihren Teil der Weihnachtsgeschichte. Unter der Woche gibt es kleine Aufgaben oder Material, die uns an die Geschichte erinnern und uns helfen, eine Krippenlandschaft in unserem Wohnzimmer aufzubauen – zum Beispiel Tücher, Fundstücke von Spaziergängen und Duplosteine.[1] Unter der Woche darf die Krippe verschönert und bespielt werden, ab und zu wird ein Schäfchen entführt oder mal der Esel mit Keksen gefüttert, bevor die Geschichte am Sonntag weitergeht. Advent zum Anfassen.

Und wir Erwachsene dürfen zwei Dinge wissen: Gott kommt in diese Welt. Er kommt ins Chaos und sein Kommen ist völlig unabhängig von mir. Wir dürfen Jesus mitten in unser Advents- und Vorweihnachtschaos einladen. An unseren plätzchenverklebten Esstisch, in Familienstreit und Hektik. Und auf der anderen Seite dürfen wir Platz für ihn machen. In unserem Leben und in unserem Herzen. Nicht weil Gott darauf angewiesen ist, sondern weil wir es sind.

Wenn wir dieses Herzstück des Advents begriffen haben, dann können wir den ganzen Rest (Plätzchen backen, Punsch trinken, Weihnachtsmarkt besuchen, Geschenke besorgen) auch voller Freude machen. Oder eben sein lassen. Gerade so, wie wir Lust und Kraft dafür haben.

---

1 Meine Freundin Sarah und ich haben diese Idee erweitert und entstanden ist die „Kleine Räuberkrippe". Falls du Ideen suchst, schau gerne hier: *https://raeuberliebe.blog/raeuberkrippe/* oder hier: *https://kleineweggedanken.de/kleine-raeuberkrippe/*, beide abgerufen am 01.02.2022.

Zum Nach- und Weiterdenken

Advent im Chaos

Es riecht nach Tannenzweigen. Wir backen gemeinsam Plätzchen und verteilen sie an unsere Nachbarn. Abends zünden wir eine Kerze an und lesen als Familie die Weihnachtsgeschichte. Geschenke spielen keine große Rolle. Die wenigen, die wir verschenken, haben wir selbst gebastelt. Am Wochenende schlendern wir über beleuchtete Weihnachtsmärkte, essen eine Wurst und trinken Glühwein. Und wir haben ganz viel Zeit. Um an Jesus zu denken. Was es bedeutet, dass er Mensch wurde und in diese Welt kam. Und um Freunde und Familie einzuladen. Zumindest in meiner Vorstellung.

Die Wirklichkeit sieht meistens völlig anders aus. Statt auf dem Weihnachtsmarkt sind wir mehrmals beim Kinderarzt, fast täglich hat der Paketbote bei uns geklingelt und trotzdem habe ich das Gefühl, irgendein Geschenk vergessen zu haben (was ich dann auch tatsächlich habe). Ständig wird geheult, weil man doch noch ein Türchen vom Adventskalender aufmachen will und noch ein Stück Linzer Torte oder Keks oder Schokolade möchte. Als ob wir noch keinen Zuckerschock hätten.

Unsere Weihnachtskarten haben wir letztes Jahr an Ostern abgeschickt und die Besuchs- und Essens-Koordination gleicht einem Drahtseilakt. Und dazu kommt das schlechte Gewissen, weil ich mich ein bisschen besinnlicher fühlen und bitte schön ein bisschen mehr an Jesus denken sollte.

Und dann, vor ein paar Jahren, habe ich einfach damit aufgehört. Mit der Besinnlichkeit und dem schlechten Gewissen. Und habe angefangen Advent zu feiern. Zu feiern, dass mein Gott sich mitten ins Chaos dieser Welt stürzt. Und nicht nur ins Chaos dieser Welt, er kommt auch zu mir. In mein winzig kleines riesengroßes Alltagschaos, inklusive Vorweihnachtsstress.

Seitdem denke ich an Advent sehr viel an Jesus. Meistens in Weihnachtslieder bimmelnden, völlig überfüllten Supermärkten mit schreienden Kindern im Einkaufswagen. Und kurz bevor ich die Kinder anbrüllen und mit Lebkuchen um mich werfen will, denke ich an Jesus. In diesem Moment – wenn ich nur noch „Oh, Jesus!“ seufzen kann – ja, dann fühle ich mich sehr adventlich. Jesus, der mitten in mein Chaos kommt.

Auf dem Weg nach Bethlehem

Während um mich herum die ersten Schneeflocken fallen und auf unserem Adventskranz bereits eine Kerze brennt, mache ich mich auf den Weg. Auf den Weg nach Bethlehem. Denn zwischen all den Terminen und Keksen, da muss es doch zu finden sein. Das Kind, das gekommen ist, um uns zu retten.

Und während ich durch staubige Straßen laufe, wird es dunkel und ich merke: Ich bin nicht allein. Neben mir gehen ein paar Männer. Sie haben tiefe Stimmen und erzählen schmutzige Witze. Sie tragen dicke Gewänder, um sich vor Wind und Wetter zu schützen. Ihre Gesichter erzählen von harten Nächten und einem Leben draußen in der Einsamkeit. Doch ihre Augen leuchten und wenn man genau hinhört, dann hört man sie flüstern. Über Engel und eine Nachricht, die alles verändern wird. Sie sind auf dem Weg. Auf dem Weg nach Bethlehem.

Hinter mir geht ein ganzer Zug von Menschen. In außergewöhnlichen Gewändern höre ich sie in einer fremden Sprache sprechen. Sie lachen und diskutieren. Immer wieder schauen sie hoch zu den Sternen. Zu dem einen, der heller leuchtet als alle anderen. Die Wangen der Männer glühen und sie haben Säcke voller Proviant und Geschenke dabei. Sie sind auf dem Weg. Auf dem Weg nach Bethlehem.

Kurz vor der Ankunft hole ich ein altes Paar ein. Langsam und gebückt laufen sie, so als würden sie schon lange laufen. Und sie laufen, als wäre Laufen ein geduldiges Warten. Sie murmeln alte Versprechen, von einem, der kommen wird, um ihr Volk zu erlösen. „Komm, Hanna!“, flüstert der Mann, den sie Simeon nennt. Und die zwei gehen weiter. Schritt für Schritt. Und in ihren Gesichtern, da sieht man die Hoffnung, die sie sich schon seit langer Zeit bewahren. Sie sind auf dem Weg. Auf dem Weg nach Bethlehem.

Und mittendrin, da laufe ich. Ich streiche Kekskrümel von meiner Jacke und wische Klebereste von meiner Hand. Der normale Vorweihnachtswahnsinn. Aber mein Herz, das schlägt ein bisschen schneller, denn ich bin unterwegs. Unterwegs auf dem Weg nach Bethlehem.

Mein Gebet

1.Wie soll ich dich empfangen und wie begegn ich dir,
o aller Welt Verlangen, o meiner Seelen Zier?
O Jesu, Jesu, setze mir selbst die Fackel bei,
damit, was dich ergötze, mir kund und wissend sei.

7. Ihr dürft euch nicht bemühen noch sorgen Tag und Nacht,
wie ihr ihn wollet ziehen mit eures Armes Macht.
Er kommt, er kommt mit Willen, ist voller Lieb und Lust,
all Angst und Not zu stillen, die ihm an euch bewusst.

(geliehen von Paul Gerhardt aus seinem Lied „Wie soll ich dich empfangen“)

Mit allen Sinnen

Anleitung für einen Adventskranz

Seit ein paar Jahren habe ich immer wieder von einem „echten“ Adventskranz geträumt – einem Wagenrad mitten in unserem Wohnzimmer. Unser selbstgebauter Adventskranz sieht fast genauso aus und lässt sich unterm Jahr auch ziemlich leicht verstauen.

Dafür braucht ihr:

- 8 Holzeisenbahn-Schienen (bekommt man auch super gebraucht)
- einen Bohrer mit einem 11er-Aufsatz
- 4 weiße und 18-24[2] rote Baumkerzen (gibt es ab Mitte Oktober in den Drogeriemärkten)

---

2 Die unterschiedliche Anzahl der roten Kerzen liegt daran, dass der erste Advent nicht immer auf den 1. Dezember fällt. Je nachdem, um welches Datum es sich handelt, sind es zwischen 22 und 28 Tage vom ersten Advent bis zum Heiligen Abend.

Und so geht's:

- In vier der Schienen bohrt ihr je vier Löcher (3 cm Abstand zwischen den Löchern)
- In vier der Schienen bohrt ihr je drei Löcher (4 cm Abstand zwischen den Löchern)
- Die Löcher werden mit einem 11er Bohrer gebohrt. Dabei aber nicht ganz durch die Schiene bohren, sondern ca. 0,5 cm tief.
- Dann steckt ihr die Kerzen in die Löcher und drückt sie gut fest, damit sie auch halten.

Ab dem 1.Advent darf dann jeden Tag eine weitere Kerze angezündet werden. Kerzen nicht ganz runterbrennen lassen (den Stumpf einfach durch eine neue ersetzten) und nie unbeaufsichtigt lassen!

NIKOLAUS

**Wenn du einem Bedürftigen hilfst,
dann soll deine linke Hand nicht wissen,
was die Rechte tut; niemand soll davon erfahren.**
Matthäus 6,3f

Worum geht es bei diesem Fest?

Nikolaus ist wohl der bekannteste und einer der beliebtesten Heiligen überhaupt. Besonders bei Kindern und Familien, obwohl seine Geschichte gar nicht so familientauglich ist. Wir kennen ihn als alten Mann mit rotem Mantel, der nachts heimlich die Stiefel füllt. Doch eigentlich handelt dieser Feiertag von einem Mann, der sich still und heimlich der Not seiner Zeit entgegengestellt hat. Seine bekannteste Tat rettete drei Mädchen vor der Prostitution.

Am Nikolaustag erinnern wir uns an einen Mann, der uns vorlebt, was Demut bedeuteten kann. Der uns lehrt, im Verborgenen Gutes zu tun, dort, wo keiner zusieht.

Von ihm können wir lernen, uns ohne Dank, Anerkennung oder Ansehen für den anderen einzusetzen. Und wenn wir es erlauben, dann kann er uns auch eine Frage stellen: Warum ist es uns so wichtig, dass die anderen unsere Bemühungen, unsere Opfer und unser Gutsein sehen und bewundern?

Hintergrundinfo

Nikolaus wurde um 280 n. Chr. in Patara geboren. Mit 19 Jahren wurde er zum Priester geweiht. Von seiner Familie, die der Pest zum Opfer fiel, erbte er ein großes Vermögen, das er jedoch nicht für sich behielt, sondern unter den Armen und Bedürftigen verteilte. Später wurde er Bischof von Myra. Im Zuge der Christenverfolgung wurde auch er gefangen genommen und gefoltert. Um seine Person ranken sich viele Legenden und Geschichten, wie z. B. eine Kornvermehrung oder die Stillung eines Sturms. Nikolaus starb an einem 6. Dezember, deshalb denken wir bis heute an diesem Tag an ihn.

Bräuche und Traditionen

Stiefel rausstellen

Die wohl bekannteste Geschichte um Nikolaus ist der Grund, warum wir uns heute noch gegenseitig beschenken. Ein Mann lebte mit seinen Töchtern in großer Armut. Er sah keinen anderen Ausweg, als sie zur Prostitution anzubieten. Nikolaus bekam das mit und warf nachts drei Goldklumpen durchs Fenster. Somit konnten die Mädchen davor bewahrt werden und hatten genügend Geld für eine Mitgift – die Voraussetzung, um verheiratet und damit gut versorgt werden zu können.

Gut zu wissen

Früher gab es nicht an Heiligabend, sondern an Nikolaus die große Bescherung.

Wie feiern wir Nikolaus?

Meist sind die Kinder die Beschenkten. Doch an diesem Tag geht es darum, andere zu beschenken. Zusammen als Familie können wir überlegen, wen wir dieses Jahr überraschen wollen. Bekannte im eigenen Umfeld oder auch Organisationen, die sich zum Beispiel für Kinderrechte einsetzten. Ich persönlich mag die Vorstellung, an Nikolaus ein Projekt zu unterstützen, das Menschen vor der Prostitution schützt. Das wäre doch ganz im Sinne von St. Nikolaus gewesen.

An Nikolaus steht dann auch unsere Feierkiste vor der Tür. Hier finden die Kinder ihre Weihnachtsbücher, die das Jahr über im Keller verstaut sind,

öfter schreien und toben, die Wahrheit suchen, lieben, leiden, ertragen, unartig Schuld bekennen und Umwege suchen. Unangebracht und unbequem Leid und Schuld benennen. Jesus war bestimmt nicht artig. Denn man wird nicht gekreuzigt, wenn man artig ist.

Und oben im Himmel, da sitzt kein alter Mann mit langem Bart, sondern ein Vater, der Sehnsucht nach allem Verlorenen hat. Und am Ende fragt er nicht: „Warst du artig?“ Er fragt: „Liebst du mich?“

Im Verborgenen

Ich setze mich für das Richtige ein. Ich versuche es, wirklich! Nachhaltigkeit, Gerechtigkeit, Nächstenliebe. Regional, saisonal und fair. Es kostet mich viel. Und ich will, dass alle das wissen. Dass sie sehen, wie sehr ich leide, um das Richtige zu tun.

Dann sind da noch die anderen. Die das nicht tun.

Tzzz … Ausbeuter und Umweltsünder. Ein Ausdruck, den ich irgendwoher kenne.

Zöllner und Sünder.

Und dann erkenne ich, wer ich in dieser Geschichte bin.

Ich setze mich für das Richtige ein. Ich versuche es, wirklich! Es kostet mich viel. Und ich will, dass alle das wissen. Ich spende für die Armen, lerne die Gebote, ich gebe den Zehnten – sogar ein bisschen mehr, als ich müsste. Ich will, dass sie sehen, wie sehr ich leide, um das Richtige zu tun. Und dass alle wissen: Ich bin ein bisschen besser als die anderen. Sagten sie, die Pharisäer.

Und ich flüstere: Jesus, was soll ich tun?

Tue das Richtige, dann, wenn keiner zusieht.

Mein Gebet

Hilf mir zu geben – ohne etwas zurückzuverlangen.
Hilf mir zu helfen – ohne einen Dank zu erwarten.
Hilf mir zu lieben – ohne geliebt zu werden.
Hilf mir zu dienen – da, wo keiner es sieht.
Hilf mir, mich zu verschenken – ohne etwas zurückzubekommen.

darunter auch eines, das die Geschichte von St. Nikolaus erzählt. Und mittendrin ein kleines Bild von dem Projekt, das die Kinder unterstützen wollen, und drei goldene Steine.

Und natürlich dürfen die Kinder auch ihre Stiefel putzen und nach draußen stellen. Bevor wir ins Bett gehen, flitzen unsere Jungs dann noch durchs Haus und verteilen Schokoladennikoläuse und Weihnachskekse an unsere Nachbarn. Das machen wir, seitdem wir eingezogen sind, und obwohl ich mir am Anfang blöd vorkam, ist es so schön, wie diese kleine Aktion unsere Nachbarschaftsverhältnisse bereichert. Wenn wir am nächsten Morgen unsere Tür öffnen, finden wir neben der Feierkiste auch immer Süßigkeiten oder Geschenke von den Omas und unseren Nachbarn. Unsere Kinder essen, bis sie in einen Zuckerschock verfallen, und wir lesen die Geschichte von Nikolaus und dekorieren unsere Feiertagsecke.

Zum Nach- und Weiterdenken

Warst du denn auch artig?

„Warst du denn auch artig?", fragt der Mann mit dem weißen Bart und dem dicken Bauch. Um sicherzugehen, schaut er in seinem großen, goldenen Buch nach. Ein paar Anmerkungen wären ja noch zu machen. Regelmäßiges Zähneputzen, ohne Meckern Zimmer aufräumen und ab und zu die Geschirrspülmaschine ausräumen. Ein Seufzer der Erleichterung, als er zum großen Sack greift und ein Geschenk rausfischt. Es muss also gereicht haben.

Zu oft stelle ich mir Gott genauso vor. Der alte Mann mit dem weißen Bart. Der mich fragt: „Warst du auch artig?" Und dann schaut er mit strengem Blick in seinem goldenen Buch nach, in dem alles notiert ist. Ein paar Anmerkungen wären ja noch zu machen. Öfters Bibel lesen und die Gottesdienstbesuche waren etwas spärlich. Regelmäßiger beten, netter reden. Dann öffnet er die Tür zum Himmel. Ich atme aus. Es muss wohl gereicht haben.

Aber vielleicht – nein, ganz sicher – sollten wir viel öfter unartig sein. So wie die Zöllner und die Huren und der halbtote Verbrecher am Kreuz. Weil artig ist man immer außen und niemals innen drin. Vielleicht sollten wir den Armen und Bedürftigen verteilte. Später wurde er Bischof von Myra. Im Zuge der Christenverfolgung wurde auch er gefangen genommen und gefoltert. Um seine Person ranken sich viele Legenden und Geschichten, wie z. B. eine Kornvermehrung oder die Stillung eines Sturms. Nikolaus starb an einem 6. Dezember, deshalb denken wir bis heute an diesem Tag an ihn.

Bräuche und Traditionen

Stiefel rausstellen

Die wohl bekannteste Geschichte um Nikolaus ist der Grund, warum wir uns heute noch gegenseitig beschenken. Ein Mann lebte mit seinen Töchtern in großer Armut. Er sah keinen anderen Ausweg, als sie zur Prostitution anzubieten. Nikolaus bekam das mit und warf nachts drei Goldklumpen durchs Fenster. Somit konnten die Mädchen davor bewahrt werden und hatten genügend Geld für eine Mitgift – die Voraussetzung, um verheiratet und damit gut versorgt werden zu können.

Gut zu wissen

Früher gab es nicht an Heiligabend, sondern an Nikolaus die große Bescherung.

Wie feiern wir Nikolaus?

Meist sind die Kinder die Beschenkten. Doch an diesem Tag geht es darum, andere zu beschenken. Zusammen als Familie können wir überlegen, wen wir dieses Jahr überraschen wollen. Bekannte im eigenen Umfeld oder auch Organisationen, die sich zum Beispiel für Kinderrechte einsetzten. Ich persönlich mag die Vorstellung, an Nikolaus ein Projekt zu unterstützen, das Menschen vor der Prostitution schützt. Das wäre doch ganz im Sinne von St. Nikolaus gewesen.

An Nikolaus steht dann auch unsere Feierkiste vor der Tür. Hier finden die Kinder ihre Weihnachtsbücher, die das Jahr über im Keller verstaut sind,

NIKOLAUS

Wenn du einem Bedürftigen hilfst,
dann soll deine linke Hand nicht wissen,
was die Rechte tut; niemand soll davon erfahren.
Matthäus 6,3f

Worum geht es bei diesem Fest?

Nikolaus ist wohl der bekannteste und einer der beliebtesten Heiligen überhaupt. Besonders bei Kindern und Familien, obwohl seine Geschichte gar nicht so familientauglich ist. Wir kennen ihn als alten Mann mit rotem Mantel, der nachts heimlich die Stiefel füllt. Doch eigentlich handelt dieser Feiertag von einem Mann, der sich still und heimlich der Not seiner Zeit entgegengestellt hat. Seine bekannteste Tat rettete drei Mädchen vor der Prostitution.

Am Nikolaustag erinnern wir uns an einen Mann, der uns vorlebt, was Demut bedeuteten kann. Der uns lehrt, im Verborgenen Gutes zu tun, dort, wo keiner zusieht.

Von ihm können wir lernen, uns ohne Dank, Anerkennung oder Ansehen für den anderen einzusetzen. Und wenn wir es erlauben, dann kann er uns auch eine Frage stellen: Warum ist es uns so wichtig, dass die anderen unsere Bemühungen, unsere Opfer und unser Gutsein sehen und bewundern?

Hintergrundinfo

Nikolaus wurde um 280 n. Chr. in Patara geboren. Mit 19 Jahren wurde er zum Priester geweiht. Von seiner Familie, die der Pest zum Opfer fiel, erbte er ein großes Vermögen, das er jedoch nicht für sich behielt, sondern unter

Mit allen Sinnen

Goldklumpen

Um eure eigenen Goldklumpen zu machen, braucht ihr nur zwei Dinge: Steine und eine Dose goldenen Sprühlack.

Zuerst sucht ihr euch drei Steine, wascht sie gründlich und lasst sie trocknen. Danach könnt ihr sie mit Goldfarbe ansprühen.

Größere Steine sind perfekt für eure Feiertagsecke, kleinere lassen sich gut verschenken. Zusammen mit der Geschichte vom Nikolaus könnt ihr sie zum Beispiel in den Stiefeln eurer Nachbarn verteilen.

WEIHNACHTEN

Fürchtet euch nicht! Ich verkünde euch eine Botschaft, die das ganze Volk mit großer Freude erfüllen wird: Heute ist für euch in der Stadt, in der schon David geboren wurde, der versprochene Retter zur Welt gekommen. Es ist Christus, der Herr.
Lukas 2,10

Worum geht es bei diesem Fest?

Weihnachten, das Fest der Liebe. Gott wird Mensch. Was auf unseren Weihnachtskarten und reich geschmückten Krippenlandschaften manchmal nach romantischer Schwarzwald-Idylle aussieht, ist die unglaublichste und skandalöseste Rettungsaktion der Menschheitsgeschichte. Gott wird Mensch. Er demütigt sich bis aufs Blut und stürzt sich in das Chaos und den Schmutz dieser Welt. Er, der Erschaffer der Welt, wird klein, hilflos und angewiesen. Darauf, dass seine Eltern ihn füttern, dass er umsorgt wird, dass ihm Schutz geboten wird und dass ihm jemand den Hintern abwischt. Ein Gott, der schwach wird. Das ist vielleicht nicht das nette Bild von Weihnachten oder vom Christkind, das wir gerne hätten. Aber das ist der Gott, den wir so dringend brauchen. Der nicht weit entfernt ist, sondern zu uns kommt, damit wir ihm nahe sein können.

Hintergrundinfo

Am 25. Dezember feiern wir Weihnachten. Dabei ist überhaupt nicht klar, an welchem Tag Jesus zur Welt kam. Dieser Tag wurde erst im Nachhinein festgelegt. Das Datum ist kein Zufall, denn am 25.12. wurde der Geburtstag des römischen Sonnengottes gefeiert. Das Datum wurde bewusst gewählt, um einen Gegenpart zu diesem beliebten römischen Fest zu schaffen. Hier-

mit ist auch das Statement verbunden: An Weihnachten kommt Jesus als das wahre, ewige, unbesiegbare Licht in diese Welt.
Da Jesus in der Nacht geboren wurde (Lukas 2,8), setzte sich nach einiger Zeit im europäischen Raum der 24. Dezember, Heiligabend, als fester Feiertag durch.

Bräuche und Traditionen

Weihnachtsbaum

Heute gibt es fast nichts, was wir so eng mit Weihnachten verbinden wie den Weihnachtsbaum. Dabei ist diese Tradition noch nicht so alt und hat relativ wenig mit der Bedeutung von Weihnachten zu tun. Tannen und andere immergrüne Pflanzen standen schon früh in verschiedenen Religionen und Kulten für Lebenskraft und wurden auch in vielen anderen Bräuchen bei religiösen Zeremonien verwendet. Daher kommt auch der Vorwurf, der Weihnachtsbaum sei ein heidnisches Symbol.

Im Mittelalter gab es sogenannte Mysterienspiele – Theaterstücke, die die biblischen Geschichten erzählten. Man nimmt an, dass sich der christliche Weihnachtsbaum aus dem Baum der Schöpfungsgeschichte entwickelt hat. Die roten Kugeln erinnern übrigens an die verbotene Frucht im Garten.

Krippe und Krippenspiel

Krippendarstellungen gab es bereits in der Frühzeit der Kirche. Durch das Krippenspiel von Franz von Assisi 1223 gewannen diese an Popularität und breiteten sich aus. Zuerst nur als öffentliches Schauspiel, besonders in Kirchen, später fand die Krippe dann Einzug in die Familien und Häuser.

Gut zu wissen

Besonders für Kinder ist die Bescherung eines der Highlights des Weihnachtsfestes. Ursprünglich war jedoch Nikolaus der Tag der großen Bescherung, während es an Heiligabend keine Geschenke gab. Im Rahmen der Reformation und der damit verschwindenden Heiligenverehrung regte Martin Luther an, die Bescherung auf Heiligabend zu verlegen, wo nun das Christkind die Geschenke brachte.

Wie feiern wir Weihnachten?

Jesus hat Geburtstag! Gott kommt zu uns! Und egal, ob wir das Fest als lautes, großes Familienfest feiern, als bunten (Kinder-)geburtstag oder leise und traditionell, wir dürfen feiern, was das Zeug hält! Unser Gott kommt zu uns. Wir gehen in den Gottesdienst und feiern mit unserer Gemeinde unseren Gott, der uns nahe ist. Wir holen unsere schönsten Kleider heraus (was bei meinen Jungs oft bedeutet, dass sie ihren Paw Patrol-Pulli aus dem Schrank ziehen) und kochen etwas Besonderes.

Wir singen Weihnachtslieder und beschenken uns gegenseitig.

Bevor der Trubel richtig losgeht, öffnen wir das letzte Säckchen unseres Adventskalenders, aus dem das Jesuskind schlüpft. Wir erzählen mit unserer Krippe die Geschichte von Jesu Geburt. In den Jahren, in denen wir an den Weihnachtsfeiertagen bei uns daheim bleiben, gibt es an den Weihnachtsfeiertagen sogar eine kleine Fortsetzung mit den Weisen aus dem Morgenland und Hanna und Simeon, die Jesus kurz nach seiner Geburt treffen und so lange auf ihn gewartet haben.

Unter dem Tannenbaum steht auch wieder unsere Feierkiste – mit ein paar ganz besonderen Geschenken (siehe „Mit allen Sinnen“).

Zum Nach- und Weiterdenken

Blut, Schweiß und Tränen

Ich scrolle mich durch ein paar Jahrhunderte Kunstgeschichte. Auf der Suche nach der Krippenszene begegnet mir ein blondgelocktes, selig lächelndes Jesus-Baby, eine verzückte Maria und ein sich dezent im Hintergrund haltender Josef – in allen Variationen, durch alle Jahrhunderte. Wahlweise noch mit Hirten oder drei Königen.

Hallo?! War hier noch nie jemand bei einer Geburt dabei?

Es soll sie ja geben, die Frauen, die das mal so nebenbei machen. Aber wo bitte sind in der Krippenszene das Blut und der Dreck von der Geburt? Wo die Milch- und Kotzeflecken? Wo sind die entzündeten Brustwarzen? Die

Fehlversuche beim Stillen? Wo ist die Nachgeburt und wo sind die Augenringe? Die schweißnassen Haare von Maria, die Angst von Josef. Wo die Tränen? Vor Glück, aber auch vor Einsamkeit und enttäuschten Erwartungen. Heultage. Und warum bitte sind die alle hellhäutig und Jesus immer blond? Warum finde ich, wenn ich „moderne Krippe" eingebe, nur angeknabberte Erdnüsse und beschriftete Holzklötze?

Kann es sein, dass wir manchmal nicht so recht verstehen, was an Weihnachten eigentlich passiert ist? Wir tun so, als wäre Jesus nur so zum Schein Mensch geworden. Der perfekte Mensch, ohne Missgeschicke, ohne Körperflüssigkeiten oder Gefühle. Ja, Jesus war ohne Schuld. Ganz Gott. Aber das heißt doch nicht, dass er nie beim Essen gepupst hätte. Oder geweint. Oder gebrüllt. Und dass er sauber und selig lächelnd einfach rausgeplumpst wäre. Weihnachten heißt: Gott wird Mensch. Gott lässt sich füttern, tragen und den Hintern abwischen. Er wird geboren. Unter Tränen, Blut und Schweiß. Ganz und gar menschlich. Das hört sich demütigend an. Und das ist es auch.

Vielleicht gibt es deshalb so wenige Bilder davon, weil wir uns das schlecht vorstellen können. Oder weil es nicht in unser Bild des sauberen, heiligen „Christkinds" passt. Oder weil wir den Gedanken nicht aushalten, dass der heilige Gott so etwas tut.

Aber ist nicht genau das Weihnachten? Dass sich Gott schmutzig und klein macht. Und dass er uns ganz nahekommt?

Vielleicht passt die echte Krippenszene nicht so gut unter den bunt geschmückten Weihnachtsbaum, in die Feiertagsidylle oder die Weihnachtspost. Aber in diese chaotische Zeit, diese zerbrochene Welt und mein verwundetes Herz, da passt sie ganz gut hin. Die Geschichte von einem Gott, der alles zurücklässt und kommt, um uns zu retten.

Fürchte dich nicht

Fürchte dich nicht.
Noch bevor du geboren wurdest, riefen es die Engel in die Welt.
Vor Anbeginn der Zeit waren das deine Worte.
Fürchte dich nicht.
Nicht weil es nichts zu fürchten gäbe.
Die Welt ist manchmal ein dunkler und böser Ort.
Der Tod wartet auf uns
und Unglück lauert hinter der nächsten Ecke.
Die Stürme toben
und manchmal reißen sie uns mit.
Fürchte dich nicht. Sagst du.
Nicht: Reiß dich mal zusammen,
oder: Halb so wild.
Sondern: Hab keine Angst.
Nicht, weil es nichts zu fürchten gäbe,
sondern weil du an meiner Seite bist.

Fürchte dich nicht.
Ich bin bei dir. Ich geh mit dir da durch.
Denn dein Name ist Immanuel. Gott ist mit uns.
Gott mit dir.

Mein Gebet

Weihnachten ist kein besinnliches Fest.
Es ist das „Jesus, hilf mir!",
wenn Hektik und Stress und Alltagschaos mich fast zerbrechen lassen.

Weihnachten ist nicht Kekse essen im Kerzenschein.
Es ist das „Jesus, vergib mir!"
nach dem Ausrasten beim Kekse backen mit meinen Kindern.

Weihnachten ist nicht das fröhliche Familientreffen.
Es ist das „Jesus, steh mir bei!“,
wenn die Situation zu eskalieren droht.

Weihnachten ist nicht der Weihnachtsmarktbesuch zwischen all den bunten Lichtern
Es ist das „Jesus, sei bei mir!“
wenn ich mich an dunklen Orten wiederfinde.

Weihnachten ist nicht das Fest mit den Liebsten
Es ist das „Jesus, tröste mich!“
wenn ich mich zum Weinen ins Bad einschließe, weil ich das Vermissen kaum noch aushalte.

Denn Jesus, du bist nicht gekommen, damit wir uns mit einer Tasse Tee schön kuschelig und besinnlich fühlen können. Du bist gekommen, um zu suchen und zu retten, was verloren ist!

Gott, der ins Chaos dieser Welt kommt.
Das ist Weihnachten.

Mit allen Sinnen

Zwischen den Geschenken liegt auch unsere Feiertagskiste, die wir aber erst am 25. Dezember öffnen, wenn der große Trubel vorbei ist.

In der Kiste finden sich lauter Geschenke, die die Menschen Jesus damals zur Geburt mitgebracht haben könnten. Das kann immer dasselbe sein oder jedes Jahr von unterschiedlichen Personen.

Zum Beispiel eine kleine Schatztruhe mit den Geschenken der Weisen, Gold, Weihrauch und Myrre.

Ein Babykoffer mit einer Spieluhr, Schnuller und Windeln von Maria und Josef. Oder ein Schaffell, eine Steinschleuder und Fladenbrot von den Hirten.

OSTERKREIS

Dicht gedrängt schiebt sich
Ereignis an Ereignis.
Die leisen Töne,
das große Crescendo,
die Pause, unerträgliche Stille,
bevor alles mit einsetzt in den Jubelruf, den Sieg.
Mit ihm explodiert die Natur
und das Leben bricht endlich durch.

DIE FASTENZEIT

Ob ich nun wenig oder viel habe,
beides ist mir durchaus vertraut,
und ich kann mit beidem zufrieden sein:
Ich kann satt sein und hungern;
ich kann Mangel leiden
und Überfluss haben.
Philipper 4,12

Worum geht es bei diesem Fest?

Die Fasten- oder Passionszeit ist an sich kein Fest, sondern die Vorbereitung auf das größte Fest der Christen – Ostern. Es sind die leisen Töne vor dem großen Crescendo. Sie beginnt mit dem Aschermittwoch und endet am Karsamstag.

In dieser Zeit verzichten wir auf etwas Alltägliches (Essen) oder auf etwas Luxuriöses (Zucker, Kaffee, Fernsehen, Fleisch), das uns durch seine Dauerverfügbarkeit zur Alltäglichkeit geworden ist. Fasten ist eine unglaublich tolle und sehr unterschätzte Möglichkeit, einer inneren Glaubensüberzeugung Ausdruck zu verleihen. Es kann ein Innehalten ausdrücken, ein Warten auf eine Antwort oder Führung. Es kann ein Zeichen von tiefer Trauer sein oder des Wunsches nach einem Neuanfang. Denn Fasten ist der äußerliche Ausdruck für die eigene Bedürftigkeit. In Zeiten von großer Not fastete in Israel oft das ganze Volk (vgl. z. B. Esther 4,16). Kein Wunder, dass wir oft die Kombination zwischen Gebet und Fasten finden. Denn wir beten mit Worten und mit unserem Körper ein Gebet der Bedürftigkeit. Deshalb verabscheut Gott es so, wenn das Fasten zu einer hohlen, religiösen Geste wird und der Fastende seine Mitmenschen unterdrückt und seine Macht missbraucht.

Bei äußerlichen Glaubensdingen besteht immer die Gefahr, in eine Oberflächlichkeit oder Gesetzlichkeit zu rutschen. Deshalb haben wir vielleicht vor lauter Angst davor verpasst zu erleben, dass ein Glaubensausdruck wie das Fasten immer auch Glauben schaffen kann. Manchmal macht der Verzicht (oder der Versuch) mir meine eigene Abhängigkeit und Schwachheit erst bewusst. Und gäbe es einen besseren Zeitpunkt als die Zeit vor Karfreitag, um sich bewusst zu machen: Ich brauche dich, Jesus! Ich brauche einen Retter?

Hintergrundinfo

Die meisten Religionen kennen Fastenzeiten als Ausdruck eines religiösen Anliegens. Dabei handelt es sich um einen freiwilligen, religiös motivierten Verzicht. Meistens gibt es am Ende dieser Fastenzeit auch ein feierliches, gemeinschaftliches Fastenbrechen.

Bräuche und Traditionen

Fastenbräuche

Im Mittelalter wurde die Fastenzeit sehr streng geregelt. Erlaubt war nur eine Mahlzeit am Tag. Der Verzehr von Fleisch, Milchprodukten, Alkohol und Eiern war verboten.

Während der Reformation wurde mit dem Fastenzwang gebrochen und die gesetzliche Einhaltung rein äußerlicher Handlungen abgelehnt. Das Fasten sollte keine gute Tat sein, mit dem der Mensch Gott gnädig stimmen wollte. Wenn gefastet wurde, dann lag der Schwerpunkt in der inneren Ausrichtung. In jüngerer Zeit gewinnt die Fastenzeit vor Ostern wieder an Bedeutung. Besonders populär ist zum Beispiel die Fastenaktion „7 Wochen Ohne“, bei der jedes Jahr eine andere Gewohnheit im Mittelpunkt steht, die eingeübt oder auf die verzichtet werden soll.

Gut zu wissen

Die Tage vor der Fastenzeit kennen wir als Fastnacht oder Karneval. In diesen Tagen wird oft ausgelassen und maßlos getrunken, gefeiert und gegessen. Da seit der Reformation in protestantischen Gemeinden die Fastenzeit weniger Bedeutung hatte, verlor damit auch die Fastnacht ihren Sinn. Deshalb finden wir in katholischen Gegenden oft eine größere Karnevalstradition.

Es ist kein Zufall, dass die Fastenzeit 40 Tage beträgt. Diese Zahl taucht, meistens im Zusammenhang mit Buße und Besinnung, immer wieder in der Bibel auf. Jesus verbringt 40 Tage in der Wüste, die Sintflut dauert 40 Tage lang, das Volk Israel zieht 40 Jahre durch die Wüste, Mose verbringt 40 Tage auf dem Berg Sinai und Jona verkündet die Zerstörung von Ninive innerhalb der nächsten 40 Tage.

Wie feiern wir die Fastenzeit?

Wir verzichten und wir suchen Jesus. Dabei können wir auf ganz klassische Art fasten und bestimmte Lebensmittel weglassen (Fleisch, Süßigkeiten, Alkohol, Zucker, Kaffee). Oder wir verzichten auf Gewohnheiten wie Fernsehen, Handyzeiten, schlecht über sich selbst oder andere zu reden, Dinge einzukaufen. Und wir suchen Jesus.

In unserer Feierkiste finden wir ein großes Glas und eine Tüte mit 40 Murmeln (alternativ auch Bohnen, kleinen Steinen etc.). Jeden Tag, an dem wir es geschafft haben, auf etwas zu verzichten, wandert ein Stein in das große Glas.

Wichtig dabei ist, dass es in erster Linie nicht darum geht, dass man es auf Biegen und Brechen schaffen muss, alle 40 Tage zu verzichten, sondern dass wir wahrnehmen, wie schwer uns dieser Verzicht fällt. Es geht darum, den Alltag und Gewohnheiten zu unterbrechen, und auch darum, die negativen Gefühle wahrzunehmen, die dann hochkommen. Die Langeweile, wenn der Fernseher ausbleibt. Das Verlangen nach Süßigkeiten nach einem Streit. Das Bedürfnis danach, etwas zu kaufen nach einem frustrierenden Anruf. Und vielleicht schaffen wir es, diese Leere als Freiraum zu erleben, die nicht mit dem Nächstbesten gestopft wird, sondern Raum schafft für eine Jesusbegegnung.

Und wenn uns Erwachsenen das Verzichten schon schwer fällt, dann sollen wir die Kinder auf keinen Fall überfordern. Gleichzeitig kann es aber auch für sie eine wirklich tolle Erfahrung sein. Zu erleben: Ja, ich kann verzichten (auch wenn ich das nie gedacht hätte), nicht aufzugeben, wenn man eine Ausnahme gemacht hat, und vor allem, dass ihr Wert nicht davon abhängig ist, ob sie es schaffen oder nicht.

Wenn eure Kinder sich entschließen mitzumachen, dann entscheidet euch gemeinsam für eine Familienaktion, bei der ihr sie unterstützen könnt. Dann verzichten wir als ganze Familie auf Süßigkeiten (und sperren vorher alle weg und kaufen auch keine neuen ein) oder stellen den Fernseher in dieser Zeit in den Keller.

In manchen Jahren fällt es schwer zu verzichten. Da fehlt uns die Kraft, weil wir schon so viel verzichten mussten. Dann können wir vielleicht das Gegenteilige tun. Wir können etwas tun, das uns hilft, Jesus nahe zu sein. Jeden Tag fünf Minuten Stille, ein Gebetsspaziergang nach dem Abendessen, ein bestimmtes Lied 40 Tage lang hören oder einen Bibelvers meditieren. Es gibt so viele verschiedene Arten, Jesus zu suchen.

Zum Nach- und Weiterdenken

Ich schaffe das nicht

Ich liege in meinem Bett und mir graut es vor dem Aufstehen.
Die Sorgen heißen mich willkommen.
Ich will mich nur noch umdrehen und in den Schlaf fliehen.
Immer wieder dieser Gedanke, der mir die Luft zum Atmen nimmt: Ich schaffe das alles nicht.
Da höre ich es leise flüstern: Vielleicht musst du das gar nicht.
Was, wenn das stimmt? Wenn wir es nicht (alleine) schaffen müssen?

Lockdown

Die Welt steht still. Oder dreht sich zumindest ein bisschen langsamer.
Leere Straßen, vereinsamte Spielplätze, nur ab und zu zieht ein Jogger oder Hundebesitzer an unserem Haus vorbei. Geschlossene Schulen und Kindergärten. Wir haben Zwangsferien. Leere Klopapierregale, nur noch vereinzelte Mehl- und Nudelpackungen und die Hefe ist schon lange aus. Das erste Mal in unserem Leben stehen wir in einem Supermarkt, in dem wir nicht alles sofort bekommen. Wir können nicht ins Kino, ins Schwimmbad, Essen gehen oder uns auf eine andere Art unterhalten lassen. Wir sind im ersten Lockdown und das mitten in der Fastenzeit. In den Wochen vor Ostern, in denen Menschen seit Jahrhunderten verzichten. Auf bestimmte Lebensmittel, auf Unterhaltung, auf Überfluss. Meistens selbstgewählt, doch jetzt wird sie uns zwangsverordnet.

Manches fehlt mir sehr. Meine Freundinnen treffen, Kaffee trinken gehen, alleine sein (ganz allein ohne Kinder!), die Spielkameraden für meine Kinder und Gottesdienst feiern. Mit Frühstück und Umarmungen, mit Zusammensein, Beten und Singen.

Aber es wächst in mir auch die Sehnsucht nach Ostern. Wie sehr sehne ich mich nach diesem Fest, das in eine kaputte und kranke Welt hineinruft: Krankheit und Tod haben nicht das letzte Wort! Denn das ist doch der Grund, warum wir fasten: ein Herz, das voller Sehnsucht auf Ostern wartet.

Mein Gebet

Jesus, heute komme ich zu dir.
Ich hatte ich alle Hände voll zu tun.
Meine Hände sind gefüllt mit Aufgaben und Alltagssorgen, mit so vielem, was noch zu tun ist.

Jesus, heute komme ich zu dir.
Mit Händen, die zu Fäusten geballt sind.
Da ist so viel Wut und Ohnmacht in mir. Ich will nur noch laut schreien und um mich schlagen.

Jesus, heute komme ich zu dir.
Mit dem Gefühl, dass mir alles zwischen den Fingern zerrinnt.
Tage und Jahre, die an mir vorbeirasen und
die ich nicht festhalten kann, auch wenn ich so gern möchte.

Jesus, heute komme ich zu dir.
Mit Händen, die krampfhaft festhalten und nicht loslassen wollen.
Die das Leben nicht so nehmen können,
wie es ist, sondern sich an Altes klammern.

Hilf mir loszulassen.
Meine Hände zu öffnen und dir hinzuhalten. Damit ich beten kann:

Jesus, heute komme ich zu dir.
Mit leeren Händen, die nichts zu geben haben.
Füll *du* meine leeren Hände.

Mit allen Sinnen

Körpergebet: Die leeren Hände

Wenn wir beten, dann können wir das mit Worten und mit Gesten tun. Manchmal drückt unser Körper das aus, was wir innerlich fühlen. Dann heben wir die Hände, weil wir uns Gott entgegenstrecken wollen. Manchmal ist es aber auch andersherum: Da hilft uns eine Geste, in eine innerliche Haltung zu kommen. Da knien wir, weil es uns hilft, uns bewusst vor Gott zu begeben. Eine dieser Gesten, die gut in die Fastenzeit passt, ist das Gebet der leeren Hände.

Setze dich bequem hin, schließe die Augen. Forme deine Hände zu einer Schale. Halte Gott deine leeren Hände hin. Das kannst du machen, ohne ein Wort zu sagen, oder du betest: „Jesus, fülle du meine leeren Hände“, oder du leihst dir die Worte aus „Mein Gebet“.

PALMSONNTAG

Hosianna dem Sohn Davids!
Gelobt sei, der da kommt im Namen des Herrn!
Hosianna in der Höhe!
(Matthäus 21,9, Luther)

Worum geht es bei diesem Fest?

Was für ein eigenartiges Fest! An Palmsonntag beginnt die Karwoche, der Leidensweg Jesu. Und er beginnt nicht mit Anfeindungen oder Morddrohungen, sondern mit Jubelrufen, mit Glanz und Gloria. Jesus zieht in Jerusalem ein und die Volksmenge empfängt ihn mit Jubel und Heilsbekundungen: „Hosanna! Gesegnet sei er, der kommt im Namen des Herrn." Und Jesus, der solche Aktionen früher stets unterbunden hatte (vgl. Johannes 6,15), lässt sie gewähren. Er zieht in Jerusalem ein. Und auch wenn es an die Triumphzüge seiner (und neuerer) Zeit erinnert, so präsentiert sich Jesus hier ganz anders als die Großen und Mächtigen. Statt Streitwagen und Militärparaden reitet er auf einem Esel.

Wenn ich die Augen schließe, sehe ich sie vor mir. Römische Imperatoren, SS-Aufmärsche und Militärparaden – Tausende in Reih und Glied. Und daneben Jesus, der auf einem Esel sitzt. Sein Königreich ist anders. Er hat es nicht nötig, seine Macht zu präsentieren, eine Schar an Engeln und all die von ihm Geheilten vor sich herzutreiben. Alles, was er tut, ist, auf einem Esel zu reiten. Auf den ersten Blick wirkt das wenig triumphal, eher lächerlich unbedeutend. Aber Jesus greift damit ein gewaltiges Bild auf – die prophetische Vision aus Sacharja 9,9: Der lang ersehnte Messias, der auf einem Esel nach Jerusalem kommt, um Frieden zu bringen. Und damit reitet er nicht einfach als Kriegsheld oder Herrscher in Jerusalem ein, sondern als Messias. In seiner Schlichtheit war das eine gewaltige Machtdemonstration. Ein friedlicher Einzug, mit gewaltiger politscher Sprengkraft.

Die Menschen empfangen ihn unter Jubel, sie breiten ihre Mäntel aus, streuen Palmzweige, sie rollen ihm damit den roten Teppich aus.

Die Führer und Machthaber sind zum Handeln gezwungen. Die Karwoche beginnt.

Hintergrundinfo

„Hosianna!", rufen die Menschen, als Jesus in Jerusalem einzieht. Ursprünglich war dieser Ausruf ein Hilferuf: „Ach, hilf doch!", „Rette doch!". Er wurde an eine Instanz gerichtet, die die Macht hatte zu retten. Ein König, Machthaber oder Gott selbst. So wie wir heute sagen würden: „Erhöre uns!" Und so wurde aus dem Hilferuf mit der Zeit auch ein Heilsruf, denn damit war immer das Bekenntnis verbunden: „Du bist mein Retter!"

Bräuche und Traditionen

Palmweihe

In der Antike, wie auch beim Einzug Jesu in Jerusalem, wurde mit Palmblättern gewedelt, um den Einziehenden zu feiern. Auch heute erinnern Palmblätter an diesen Feiertag. Da bei uns jedoch, besonders um diese Jahreszeit, keine Palmblätter wachsen, werden sogenannte Palmbuschen aus heimischen Pflanzen, z. B. Buchsbaum, gebastelt. In der katholischen Tradition werden diese Palmbuschen mit Weihwasser gesegnet – die sogenannte Palmweihe.

Palmesel

Der Esel ist neben den Palmzweigen ein wichtiges Symbol des Palmsonntages. Im Gegensatz zum Pferd, das im Krieg als Schlachtross benutzt wurde, hatte der Esel in der Schlacht keine Verwendung. Auch im Zusammenhang mit der Stelle in Sacharja wird klar, dass er als Symbol für Frieden und Demut gilt.

Wer an Palmsonntag als letzter aufsteht, ist an diesem Tag übrigens der „Palmesel".

Wie feiern wir Palmsonntag?

An Palmsonntag steht die Feierkiste vor der Tür. Darin sind all die Materialien, die wir zum Basteln der bunten Palmzweige (siehe „Mit allen Sinnen") und für die erste Station des Osterweges brauchen. Der Osterweg ist ein kleiner Bereich in unserem Wohnzimmer, auf dem wir die wichtigsten Stationen der Osterwoche nacheinander abbilden: Palmsonntag, Gründonnerstag, Karfreitag, Ostersonntag.

Die erste Station ist Jesu Einzug in Jerusalem. Wir bauen ein großes Stadttor aus unseren Lieblingsmaterialen. Dazu eignen sich Holzsteine, Legos oder auch Stöcke oder alte Holzreste. Sicher findet ihr etwas Passendes im Kinderzimmer, bei einem Spaziergang oder Reststücke in der Werkstatt. Während wir die Geschichte aus der Kinderbibel vorlesen, entsteht nach und nach die ganze Szene. Wenn die Kinder wollen, können sie die Rolle der verschiedenen Figuren übernehmen: Jesus, der auf einem Esel sitzt; die Menschen, die ihre Mäntel ausbreiten und mit Palmwedeln Jesus begrüßen; die Pharisäer, die im Hintergrund stehen und planen, Jesus zu beseitigen.

Mit älteren Kindern kann man auch einfach die Geschichte lesen und gemeinsam Palmwedel auf einen Osterteller legen.

Vielleicht entsteht auch ein Gespräch darüber, was für ein komischer König Jesus doch ist oder warum er auf einem Esel reitet.

Zum Nach- und Weiterdenken

Stolz marschiert im Gleichschritt

Stolz marschiert im Gleichschritt.
Seht mich an, ich bin wer!
Treibt all die Siege vor sich her.
Stolz muss Macht beweisen. Es allen zeigen.
Darf keine Schwäche zeigen.
Drückt die Macht fest an sich, presst alles aus ihr heraus.
Lebt in ständiger Angst, sie zu verlieren,
und dabei zerrinnt sie unter den Fingern.
Denn Macht kann man nicht besitzen.
Sie besitzt dich, außer, sie wird verliehen.

Demut reitet auf einem Esel.
Ist schlicht und einfach.
Und obwohl sie sie nicht sucht, besitzt sie Macht.
Gebraucht, aber benutzt sie nicht.
Demut fürchtet keine Schwäche,
weil sie Macht im Gebrochenen findet.
Demut wäscht Füße und stirbt am Kreuz.
Der Demut wird am Ende alle Macht verliehen.

Du am Wegrand

Du am Wegrand – wie war das? Warst du dabei? Als sie Blätter von den Bäumen rissen, jubelten und feierten und riefen: Der König kommt! Zogst du auch deinen Mantel aus? Rolltest ihm den roten Teppich aus? Wie war das? Ließest du dich mitreißen vom Jubel der Menge? Hofftest du auf einen Aufstand? Was dachtest du, was dann passiert?

Hattest du die Geschichten gehört? Von Lahmen, die gehen, Aussätzigen, die geheilt wurden, und Toten, die lebendig wurden. Warst du da, um ein Wunder zu sehen? Dachtest du, er bringt Frieden? Mit Waffengewalt? Würde es denen da oben endlich zeigen? Wie hattest du dir das vorgestellt?

Du am Wegrand – wie war das? Warst du dabei? Vier Tage später, als sie riefen: Kreuzigt ihn!

Oder warst du untergetaucht? Hattest zu viel Angst, deine Meinung zu sagen.

Für ihn einzustehen. Hattest du dich versteckt? Immer noch gehofft?

Dachtest du da noch dasselbe wie vor Tagen? Oder hattest du enttäuscht deine Meinung gewechselt? Wolltest einen starken König oder keinen?

Was dachtest du, als dein König dann am Kreuz hing?

Was dachtest du, du am Wegrand, mit dem Palmzweig in der Hand?

Mein Gebet

Herr, lass mich dein Esel sein,
auf dem du zu den Menschen kommst.

Gib mir die Genügsamkeit und Eselsgeduld,
die Kraft zum Tragen und auch die Sturheit,
die ich brauche, um Träger deiner Liebe
in einer Welt des Hasses zu sein.

Lass mich dein Esel sein, Christus,
dass ich dich zu anderen trage!
Hélder Câmara (brasilianischer Erzbischof und Befreiungstheologe)

Mit allen Sinnen

Palmbuschen basteln

1. Dazu braucht ihr verschiedene grüne Zweige (z. B. Buchs oder Thuja)
2. Fasst sie zu einem Strauß zusammen. Evtl. müsst ihr einige Zweige kürzen.
3. Entfernt die untersten Zweige und Äste, sodass nur ein Stängel übrigbleibt.
4. Verknotet den Strauß gut mit einem Faden. Wer seinen Palmzweig an einem längeren Stab haben möchte, schiebt an dieser Stelle von unten einen Stock hinein und knotet ihn mit fest.
5. Halbiert buntes Kreppband in der Breite und wickelt es um den Stängel. Wer mag, knotet noch weitere Bänder in die Zweige.

Hosianna nageln

Hosianna. Jubelrufe und „Kreuzigt ihn!“ – nur ein paar Tage liegen dazwischen. Deshalb schmücken wir unser Wohnzimmer mit einem Hosianna aus Nägeln.

Dazu braucht ihr:
- ein altes Holzbrett (nicht zu dünn, damit die Nägel darin auch halten)
- Farbe und Pinsel
- einen Stift zum Vorzeichnen
- Nägel und einen Hammer
- Faden in der Lieblingsfarbe

Streicht das Holzbrett an (wer es rustikal mag, kann diesen Schritt überspringen).

Zeichnet den Schriftzug „Hosianna“ auf dem Holzbrett frei Hand vor oder druckt einen Schriftzug aus und zeichnet ihn ab.

Schlagt entlang der Bleistiftlinien Nägel ein.

Dann „zeichnet“ mit dem bunten Faden erst die Kontur, indem ihr Nagel für Nagel mit dem Faden umwickelt, und wickelt anschließend quer durcheinander, um die Buchstaben auszufüllen.

Dann nahm Jesus ein Brot und zerbrach es in kleine Stücke.
Die gab er seinen Freunden. Er hob einen Kelch mit Wein hoch
und dankte Gott dafür. Dann reichte er den Kelch herum,
sodass alle davon trinken konnten.
„Mein Körper ist wie dieses Brot", sagte er. „Er wird
zerbrochen werden. Und das Glas Wein ist wie mein Blut,
das vergossen werden wird. So wird Gott die Welt retten:
Mein Leben wird zerbrechen – und Gottes zerbrochene Welt
wird wieder ganz. Mein Herz wird zerreißen – und eure Herzen
werden heilen. So wie das Passalamm starb, werde ich jetzt
an eurer Stelle sterben. Mein Blut wird alle eure Sünden
abwaschen und ihr werdet in euren Herzen ganz sauber sein."
Er hob den Kelch hoch. „Wann immer ihr esst und trinkt,
denkt daran, dass ich euch gerettet habe."
Jesus wusste, dass es jetzt für ihn bald an der Zeit war,
die Welt zu verlassen und wieder zu Gott zu gehen.
„Ich werde nicht mehr lange bei euch sein", sagte er.
„Aber seid nicht traurig; Gott wird euch seinen Helfer schicken,
den Heiligen Geist. Er wird immer bei euch sein und euch ganz
Freude schenken. Ihr müsst also keine Angst haben.

GRÜNDONNERSTAG

„Wie sehr habe ich mich danach gesehnt, mit euch dieses Passahmahl zu essen, bevor ich leiden muss", sagte er.
Lukas 22,15

Worum geht es bei diesem Fest?

Es ist der letzte Abend vor Jesu Verhaftung. Und was macht er an diesem letzten Tag? Heilt er so viele Kranke wie möglich? Predigt ein letztes Mal vor einer großen Menschenmenge? Verfasst sein Manifest? Nein. Er setzt sich mit seinen engsten Freunden zusammen zu einem letzten Abendessen. Sie feiern wie alle anderen Juden an diesem Tag das Passahfest – die Befreiung des Volkes aus der ägyptischen Sklaverei. Jesus wäscht seinen Freunden die Füße und während sie essen und feiern, nimmt er das Brot, bricht es und teilt Wein aus. An diesem letzten Abend mit ihnen stiftet er einen neuen Bund zwischen Gott und den Menschen. Und wieder geht es um eine Befreiungsaktion. Die eine große Rettungsaktion Gottes. Wenige Stunden später wird Jesus am Kreuz sterben und damit die Macht der Sünde ein für alle Mal brechen.

An Gründonnerstag erinnern wir uns an diesen letzten Abend Jesu mit seinen Freunden. Aber wir sind keine stillen, teilnahmslosen Beobachter. Nein, auch wir dürfen an diesem Tisch Platz nehmen. Auch uns reicht Jesus das Brot und sagt: „Das ist mein Leib." Auch uns reicht er den Wein mit den Worten: „Nimm! Das ist für dich!" Wir schauen nicht nur zu, wir erinnern uns nicht nur an etwas längst Vergangenes, auch wir sind eingeladen, teilzuhaben an diesem neuen Bund, den Jesus mit seinem Leben bezahlen wird.

Hintergrundinfo

Es ist kein Zufall, dass Jesus genau an diesem Tag das Abendmahl als Zeichen des neuen Bundes einsetzt. Passahfest und Abendmahl sind eng miteinander verbunden. Beide Male geht es um einen Bund, den Gott mit den Menschen schließt. Beide Male ist ein Opfer notwendig. Beim Passahfest wird jedes Jahr ein Lamm geschlachtet – Jesus wird uns als das vollkommene Opferlamm vorgestellt, das jedes weitere Opfer unnötig macht. Bei beiden Festen geht es um Brot – das ungesäuerte Brot und der Leib, der gebrochen wird. Und im Mittelpunkt beider Feste steht die Befreiung aus der Sklaverei.

Bräuche und Traditionen

Fußwaschung

Besonders in der katholischen Tradition ist die Fußwaschung ein wichtiger Bestandteil des Gründonnerstags. Nach dem Vorbild Jesu waschen geistliche Oberhäupter anderen Personen die Füße. Besonders die Fußwaschung des Papstes ist weltweit bekannt. Damit soll an das Beispiel Jesu erinnert werden, der dazu sagt: „Wenn schon ich, euer Lehrer und Herr, euch die Füße gewaschen habe, dann sollt auch ihr euch gegenseitig die Füße waschen" (Johannes 13,14).

Das grüne Essen

Obwohl Gründonnerstag nichts mit der Farbe Grün zu tun hat, wird nach alter Tradition an diesem Tag viel Grünes gekocht, z. B. grünes Obst und Gemüse, aber auch Kräutersoßen und Kräutersuppen.

Gut zu wissen

Der Name Gründonnerstag kommt nicht von der Farbe Grün, sondern dem mittelhochdeutschen Wort „Greinen" oder „Grienen", was so viel heißt wie „wimmern" oder „weinen".

Die ersten Christen feierten das Abendmahl immer als Teil eines gemeinsamen Essens.

Wie feiern wir Gründonnerstag

Mit einem Abendessen! So wie Jesus mit seinen Jüngern ein letztes Mal zusammen zu Abend aß, so wollen wir auch in einer kleinen Runde zu Abend essen. Wir ziehen unseren Tisch aus, laden Freunde und Familie ein und schmücken ihn.

Beim traditionellen Sederabend (das ist der erste Abend des siebentägigen jüdischen Passahfestes) haben die Juden einen Teller mit verschiedenen symbolischen Speisen auf dem Tisch. Und auch wir decken den Tisch mit Essen, das zu diesem Tag passt. Lamm, Brot und Wein. Dazu ein paar passende Beilagen wie beispielsweise Couscous-Salat, Aufstriche, Oliven, Gemüse und Käse, die daraus ein großes Festmahl machen. In der Mitte steht ein Teller, auf dem vier Dinge liegen: eine Schüssel voll Wasser, ein kleines Stück Lammfleisch, ein Stück Brot und ein kleiner Becher voll Wein. Auf dem Tisch verteilt liegen Silbermünzen.

Ein wichtiger Bestandteil des jüdischen Sederabends ist es, dass die jüngeren Kinder immer wieder Fragen zu den Speisen stellen. Das gibt den Älteren die Möglichkeit, die Geschichte vom Auszug aus Ägypten zu erzählen und Fragen zu beantworten. Für die Kinder ist es eine Möglichkeit, einen ganz wichtigen Part an diesem Fest zu haben.
Ich finde, das ist eine tolle Sache, die wir unbedingt übernehmen sollten! Es gibt ein paar feste liturgische Fragen, die die Kinder vielleicht auf kleinen Kärtchen aufgeschrieben bekommen. Interessant ist auch, dass die Fragen der Kinder in einer Erzählung beantwortet werden. Deshalb lesen auch wir als Antwort auf die Fragen der Kinder Geschichten aus der Bibel oder Kinderbibel vor. Die kleine Liturgie findet ihr unter „Mit allen Sinnen".

Anschließend bauen wir an unserer Osterecke weiter. Je nachdem, wie viel Platz ihr habt, könnt ihr die neue Station neben die alte stellen oder diese ersetzen. Wir bauen einen Tisch und setzten Jesus und seine Freunde drumherum. Auf dem Tisch stehen Brot und Wein. In der Materialauswahl seid ihr wie immer völlig frei!

Ein paar kleine Tipps zum Schluss: Eine Liturgie ist etwas, in das man hineinwachsen muss. Am Anfang kommt man sich oft blöd und unbeholfen vor. Man weiß nicht, ob es klappt und ob alle mitmachen. Man muss oft auf seinen Zettel schauen, die Kinder kennen den Ablauf nicht, etwas kommt ins Stocken. Aber das ist okay! Liturgien sind eigentlich etwas, das man von Kindesbeinen an kennt, was einem vertraut ist. Und wenn wir unsere Gründonnerstagliturgie jährlich wiederholen, dann wird auch sie bald passen und wir werden uns in ihr zu Hause fühlen.
Je jünger die Kinder sind, desto kürzer ist ihre Aufmerksamkeitsspanne. Deshalb erzählt die Geschichten nicht zu lang. Wenn jemand aufstehen und lieber spielen will, ist das auch in Ordnung. Was sie verpassen, können sie die nächsten Jahre wieder hören.

Übrigens: Wir feiern Abendmahl als Familie, auch mit den Kindern. Hierzu gibt es ganz unterschiedliche Meinungen. Entscheidet ganz frei, wie ihr es machen wollt. Wenn die Kinder kein Brot und keinen Saft bekommen, ist es schön, ihnen ein alternatives Symbol an die Hand zu geben, sie z. B. mit einem kleinen Kreuz auf die Stirn zu segnen, damit sie wissen: Auch sie haben Platz an Jesu Tisch.

Zum Nach- und Weiterdenken

An deinem Tisch

Abendmahlsgottesdienst. Ich sitze an meinem Platz. Meine Gedanken drehen sich im Kreis. Vor mir die Menschen die zum Abendmahl gehen.

Von vorne der Aufruf, in sich zu gehen. Sünden zu bekennen.

Mir wird kalt.

Schwere und Traurigkeit liegen in der Luft. Ich weiß nicht, ob das Heiligkeit sein soll. Ich kann nicht. Ich fühle mich nicht heilig genug und denke nur: „Oh Gott, was wenn ich es aus Versehen unwürdig einnehme oder meine Sünden nicht richtig bekenne.“

„Herr, im Licht deiner Wahrheit erkenne ich, dass ich gesündigt habe …“ – diese Worte hallten durch den Raum, wieder und wieder. Es ist still.

Ich schließe die Augen und da stehst du vor mir. An einem großen Tisch. Reich gedeckt. Mit Trauben, Oliven, tausend Schüsseln mit unterschiedlichsten Speisen. Brot und Wein in der Mitte. Um den Tisch herum Menschen. So unterschiedlich. Es ist laut und bunt und voller Farben.

Und du sagst: „Komm, setzt euch zu mir. Ich hatte so eine Sehnsucht danach, euch zu treffen, Brot und Wein mit euch zu teilen."

Und ich frage: „Muss ich nicht erst meine Sünden bekennen? Was, wenn ich eine vergessen habe, wenn ich es nicht richtig mache?"

Und du lachst und sagst: „Aber deswegen bist du doch hier, oder? Dann komm und setz dich. Ich habe auf dich gewartet!"

Als ich die Augen aufmache, stehe ich auf und gehe nach vorne. Jesus wartet bereits. Und die anderen auch.

Ich bin Judas

Ich bin Judas, der dich verkauft. Für ein bisschen Anerkennung.

Ich bin Jakobus, Sohn des Zebedäus, der Feuer vom Himmel regnen lassen will und alles vernichtet, wenn mich jemand ablehnt.

Ich bin Thomas, der Zweifler. Ich würde so gerne glauben, aber kann es nicht, bis ich es mit meinen eigenen Augen gesehen habe.

Ich bin Matthäus, der Zöllner. Der sich mit dem Feind verbündet, um zu bekommen, was er will.

Ich bin Thaddäus, der eingeschlafen ist, als du ihn angefleht hast: Bitte, bitte bleibe mit mir wach.

Ich bin Simon, der Zelot, dem alle Mittel recht sind, um ans Ziel zu kommen.

Ich bin Philippus, habe schon so viele Wunder gesehen und glaube doch nicht, dass alle satt werden.

Ich bin Petrus, der dich verrät. „Nein, den kenne ich nicht." Obwohl ich kurz zuvor gesagt hatte: „Für dich würde ich sterben."

Und du, du lädst mich an deinen Tisch ein.
Du wäschst meine Füße,
brichst mir das Brot,
reichst mir den Wein.
Und sagst: „Für dich, mein Freund!“

Mein Gebet

Herr, lass uns nicht vergessen,
dass alles, was wir essen,
von dir gegeben ist,
und dass von allen Gaben,
die wir empfangen haben,
du selbst die Größte bist.
Amen.
(traditionell)

Mit allen Sinnen

Eine kleine Liturgie für die Abendmahlsfeier an Gründonnerstag

Auf dem leeren Tisch steht eine Schüssel mit Wasser.
Kind: Warum steht da eine Schüssel mit Wasser?
Antwort: Wir lesen die Geschichte der Fußwaschung

Dann wird zusammen der Tisch gedeckt.
Wir sprechen ein Dankgebet. Entweder betet jemand oder wir singen ein Tischlied.
Und dann wird zusammen fröhlich gegessen.

Kind: Warum essen wir Lamm?
Antwort: Wir lesen die Geschichte, als die Israeliten in Ägypten beschützt wurden, weil sie das Blut eines Lammes an die Türpfosten gemalt haben.

Wir essen heute Lamm, um uns daran zu erinnern, dass auch jemand an unserer Stelle gestorben ist. Jesus, der uns über alles liebt.

Kind: Warum liegen da noch Brot und Wein?
Antwort: Wir lesen die Geschichte, wie Jesus das Abendmahl einsetzt.
Brot und Wein.

Gebrochen und vergossen.
Um eine zerbrochene und verlorene Welt zu retten.
Und daran erinnern wir uns, wenn wir jetzt das Brot essen und den Wein trinken:
Wir sind befreit, gerettet, uns ist vergeben und wir sind über alle Maßen geliebt.

Christi Leib, für dich gebrochen. – Wir reichen einander das Brot.
Jesu Blut, für dich vergossen. – Wir reichen einander den Wein.

Danach können wir uns unterhalten, den Tisch abräumen, vielleicht gehen die Kinder spielen und stellen die Szene auf dem Ostertisch nach. Anschließend treffen wir uns nochmal zu einem Nachtisch.

Kind: Aber da liegen noch bittere Kräuter und Silbermünzen. Was bedeuten die?
Antwort: Wir lesen den Abschnitt, wie Jesus im Garten betet und Judas ihn verrät.

So geliebt sind wir, das Jesus das alles tut, um uns zu retten!

KARFREITAG

Es ist vollbracht!
Johannes 19,30

Worum geht es bei diesem Fest?

Jesus stirbt am Kreuz. Karfreitag erinnert an das Leiden und den qualvollen Tod Jesu. Er wird gefoltert, angespuckt, gedemütigt. Sie nehmen ihm die Kleider, schlagen und geißeln ihn, bis sein Fleisch in Fetzen von seinem Körper hängt. Sie krönen ihn mit einer Dornenkrone. Ein Volk, das seinen König kreuzigen lässt. Die Menschheit, die ihren Schöpfer hinrichtet. Es ist ein Tag, an dem wir trauern. Um den Freund und Messias, der da stirbt, und mit ihm alle Hoffnung. Aber wir sind auch traurig über unsere Schuld, wegen der es so weit kommen musste. Es ist der Tag, an dem wir eingestehen: Das mit der Sünde, das ist nicht „halb so wild“ oder „das wird schon wieder“. Nein, wir brauchen jemanden, der uns rettet.

Und bei all der Traurigkeit, die dieser Tag mit sich bringt, sollten wir nicht vergessen, warum Jesus am Kreuz stirbt. Für uns! Weil er für uns ist und dort den Preis zahlt. Weil wir einen Retter haben! Karfreitag ist der Höhepunkt der lang geplanten Rettungsaktion Gottes. Der Weg, wie wir wieder nach Hause finden.

Und es ist eine falsche Annahme, wenn wir denken, dass Jesus im oder nach dem Tod mit der Sünde oder Satan um den Sieg ringt. Nein, im Tod erweist er sich als Sieger. Durch seinen Tod bezahlt er den Preis. Die Sünde verliert ihr Anrecht. Karfreitag ist der große Sieg Gottes über Sünde und Tod.

Hintergrundinfo

Es gibt kein Symbol, das wir mehr mit dem Christentum verbinden als das Kreuz. Manchmal gerät dabei in Vergessenheit, dass es sich eigentlich um ein besonders grausames und demütigendes Hinrichtungsinstrument handelt. Die Kreuzigung war die Strafe für Aufständische und Sklaven.

Jesus wird zu dem sprichwörtlichen „Sündenbock". Dieser Ausdruck kommt aus dem Alten Testament. An Jom Kippur, dem jährlichen Versöhnungstag, wurden einem Bock alle Sünden des Volkes in einer Symbolhandlung aufgeladen und er wird aus der Stadt gejagt.

Bräuche und Traditionen

Fasten, Fisch und Maultaschen

Karfreitag ist einer der großen Fastentage und Höhepunkt der Fastenzeit. Manche fasten an diesem Tag ganz, viele verzichten an diesem Tag bewusst auf Alkohol und Fleisch. Da Fisch an diesem Tag erlaubt ist, wurde Fisch mit der Zeit zu einem traditionellen (Kar-)freitagsessen. In manchen Gegenden gibt es spezielle Speisen wie die schwäbischen Maultaschen, die „*Herrgottsbscheißerle*", in denen die Fleischfüllung versteckt ist.

Kreuzweg und Karfreitagsprozessionen

In vielen Orten gibt es eine Karfreitagsprozession, bei der die Passionsgeschichte nachgespielt wird. Es gibt verschiedene Stationen, die dem Leidensweg Jesu nachempfunden sind. Die bekannteste Karfreitagsprozession findet in Jerusalem entlang der Via Dolorosa statt. Neben den Prozessionen gibt es auch sogenannte Kreuzwege. Hier wird der Kreuzweg Jesu in Bildern oder Skulpturen dargestellt, die man alleine oder in Gruppen abschreiten kann. Man macht sich auf, um den Leidensweg Jesu zu meditieren und das eigene Leben zu reflektieren. In den meisten katholischen Kirchen gibt es einen kleinen Kreuzweg. Die klassischen Stationen eines katholischen Kreuzweges sind folgende:

1. Jesus wird zum Tode verurteilt
2. Jesus nimmt das Kreuz auf
3. Jesus fällt zum ersten Mal unter dem Kreuz (wird nicht in der Bibel erwähnt)
4. Jesus begegnet seiner Mutter (wird nicht in der Bibel erwähnt)
5. Simon von Kyrene hilft Jesus, das Kreuz zu tragen
6. Veronika reicht Jesus das Schweißtuch (wird nicht in der Bibel erwähnt)
7. Jesus fällt zum zweiten Mal unter dem Kreuz (wird nicht in der Bibel erwähnt)
8. Jesus begegnet den weinenden Frauen Jerusalems
9. Jesus fällt zum dritten Mal unter dem Kreuz (wird nicht in der Bibel erwähnt)
10. Jesus wird seiner Kleider beraubt
11. Jesus wird ans Kreuz genagelt
12. Jesus stirbt am Kreuz
13. Jesus wird vom Kreuz genommen
14. Jesu Leichnam wird ins Grab gelegt

Gut zu wissen

Karfreitag ist ein stiller Feiertag. Das heißt, öffentliche Tanz-, Sport- oder Unterhaltungsveranstaltungen sind verboten. Das führt übrigens jedes Jahr aufs Neue zu öffentlichen Diskussionen.

Wie feiern wir Karfreitag?

Wer mag, kann an diesem Tag Fasten, das ist eine schöne und uralte Art, um der eigenen Trauer Ausdruck zu verleihen.

Gemeinsam mit den Kindern lesen wir die Geschichte von Karfreitag (auf eine altersgerechte Version achten!). Dabei bauen wir die Szene auf unserem kleinen Ostertisch wieder um. Eine kleine Anmerkung hierzu: Kinder haben erst ab einem bestimmten Alter ein Schuldverständnis. Das bedeutet, vor diesem Zeitpunkt können sie überhaupt nicht verstehen, was Sünde oder Schuld ist. Deshalb ist es wichtig, mit den Kindern altersentsprechend über dieses Thema zu reden und sie hier auch nicht zu überfordern.

Für uns Erwachsene können wir die Idee des Kreuzwegs nutzen. Vielleicht gibt es einen ganz bei euch in der Nähe? Alternativ könnt ihr euch einen eigenen kleinen Kreuzweg in eurer Wohnung gestalten. Wir wählen dazu nicht die klassischen Stationen, sondern die Menschen, denen Jesus auf seinem Weg zum Kreuz begegnet (siehe „Mit allen Sinnen“).

Zum Nach- und Weiterdenken

Josef von Arimathäa

Du, der du mir so viel bedeutest –
sie werfen die toten Körper zum Verwesen in ein Massengrab
und nennen diesen Ort Schädelort.
Da solltest du liegen
bis Würmer und Maden dich holen.
Aber das konnte ich nicht ertragen.
Du, der du mir so viel bedeutest.
Und wenn auch zu deinen Lebzeiten mir der Mut fehlte,
so nehme ich ihn heute zusammen.
Ich lege dich ins Grab, das für mich bestimmt war.
Und du hingst dort, wo eigentlich mein Platz war.

Das ist alles, was ich für dich tun kann.
Du, der du mir so viel bedeutest.
(Johannes 19,38; Markus 15,43)

Du bist nicht genug

Ich liege in meinem Bett und die Schuld liegt so schwer auf mir, dass ich kaum atmen kann. Im Zimmer neben mir liegen meine Kinder. Seit Monaten zerreißt mich der Gedanke fast, was ich ihnen alles schuldig bleibe. Jede falsche Entscheidung, die sie begleiten wird. Jedes Mal, wenn ich nicht mehr konnte – und doch hätte können sollen. Egal wie sehr ich mich anstrenge, egal wie sehr ich liebe, alles, was bleibt, ist das Gefühl, dass es nicht reicht und niemals reichen wird. Das erste Mal in meinem Leben trifft mich die Erkenntnis mit voller Wucht: Ich kann mich anstrengen, so sehr ich will, ich werde schuldig. So sehr ich auch an mir arbeite und alles dafür tue, wieder und wieder werde ich denen, die ich liebe, wehtun und kann es doch nicht ändern.

Und während mich meine Schuld fast erdrückt, schreie ich zu Gott, dass er mir zeigt, was ich tun soll. Dass er mir zuspricht, dass es ausreicht. Doch das tut er nicht.

Er bleibt still.

Bis ich in einem Buch folgende Worte lese: „Du bist nicht genug."

Und da wird es nach Monaten das erste Mal ruhig in mir. Weil ich weiß, dass es stimmt. Und weil es mir keine Angst mehr macht.

Denn da steht auch: „Deshalb wird dein Kind einen Retter brauchen."

Mein Gebet

Ein Hilfeschrei aus tiefster Not

Aus der Tiefe schreie ich zu dir, Herr!
Herr, höre meine Stimme, schenk meinem lauten Flehen ein offenes Ohr!
Wenn du, Herr, die Sünden anrechnen willst – wer kann dann noch vor dir bestehen, o Herr?
Doch bei dir gibt es Vergebung, damit die Menschen dir in Ehrfurcht begegnen.
Ich hoffe auf den Herrn, ja, aus tiefster Seele hoffe ich auf ihn. Ich warte auf sein rettendes Wort.
Von ganzem Herzen sehne ich mich nach dem Herrn – mehr als die Wächter sich nach dem Morgen sehnen, ja, mehr als die Wächter nach dem Morgen!

Denn der Herr ist voll Gnade und immer wieder bereit, uns zu erlösen.
Er allein wird Israel (***und auch mich!***) erlösen von allen seinen Sünden.

(nach Psalm 130)

Mit allen Sinnen

Kreuzweg

Bei unserem Kreuzweg geht es um Menschen, denen Jesus auf seinem Weg zum Kreuz begegnet ist. Was haben sie gedacht? Wie haben sie Jesus gesehen? Was hielten sie von der Kreuzigung? Was haben sie empfunden? Kann ich mich in einem von ihnen wiederfinden?

Dazu suchen wir nach Bildern, Fotografien oder Zeichnungen dieser Personen, drucken sie im DIN A4-Format aus und hängen sie an einer längeren Wand, z. B. im Flur, auf. Jedes Jahr suche ich mir eine bestimmte Person aus und überlege, wie sie diesen Tag erlebt hat.

- Judas
- Diener des Hohenpriesters
- Petrus
- Dienerin am Feuer
- Hohenpriester und Älteste
- Pilatus
- Barabbas
- Römische Soldaten, die Jesus misshandelten
- Simon von Kyrene
- Frauen Jerusalems
- Verbrecher am Kreuz
- Maria, die Mutter Jesu
- Die Frauen am Kreuz
- Johannes
- Josef von Arimathäa

KARSAMSTAG

Dann kehrten sie in die Stadt zurück und bereiteten dort wohlriechende Öle und Salben für die Einbalsamierung vor. Doch den Sabbat hielten sie als Ruhetag ein, so wie es das jüdische Gesetz vorschreibt.
Lukas 23,56

Worum geht es bei diesem Fest?

Karsamstag. Dieser Tag liegt einfach so da. Zwischen diesen zwei gewaltigen Feiertagen Karfreitag und Ostersonntag. Zwischen Kreuzigung und Auferstehung. Zwischen Tod und Leben. Ein Tag Zwischenzeit. Und während wir unsicher herumdrucksen und nicht so wirklich wissen, was wir mit dem Tag anfangen sollen, versetzen wir uns kurz in die Lage der Jünger. Ja, heute wissen wir, wie diese Geschichte ausgehen wird. Wir wissen, dass Jesus auferstehen wird, und fragen uns: Wie konnten die Jünger das übersehen? Er hat doch immer wieder davon gesprochen. Ja, da waren die Versprechen, ihr Glaube, dass Jesus der lang ersehnte Retter ist. Und dann rammt sie das Leben mit einer Wucht, dass ihnen Hören und Sehen vergeht. Ihr Glaube kollidiert mit der Realität. Und dann ist da nur noch Stille.

Und das kennen wir doch, oder? Glaube, der mit der Realität aufeinanderprallt. Wenn wir nicht genau wissen, ob wir uns einfach mit der Realität abfinden sollen oder an der Hoffnung festhalten. Glauben gegen jede Vernunft? Oder vernünftiger glauben?

Ich will keinen kleinen Glauben, der Gott nichts zutraut. Aber ich will auch keinen Glauben, der sich die Dinge schönredet und so lang die Realität verzerrt, bis es endlich passt.

Ja, heute wissen wir, wie die Geschichte mit Jesus ausgeht, dass er auferstehen wird. Aber die Antwort auf unsere eigene Frage, die ist vielleicht noch ungewiss. Ein Herzenswunsch, Familiengründung, Partnersuche, Gesundheit, (berufliche) Zukunft, vielleicht verschwinden sie noch im Nebel dieser Zwischenzeit. Und wir wissen eben nicht, wie es ausgeht. Nicht alles, was wir begraben müssen, wird auferstehen.

Aber wir wissen, wie das mit Jesus ausgeht, und das ist der große Unterschied. Wir wissen, dass da jemand ist, der vor uns und hinter uns und neben uns geht. Bis ans Ende der Welt und hinunter ins Totenreich. Der uns nicht vor Enttäuschung und Zweifeln bewahrt, aber der mitgeht, und dass, egal was passiert, am Ende weder der Tod noch die Stille das letzte Wort haben.

Hintergrundinfo

Karsamstag ist der letzte Tag der Karwoche. Hier erinnern sich die Christen an Jesu Grabesruhe und seinen Abstieg in die Totenwelt. Wie genau das ausgesehen hat, darüber wird uns nichts berichtet. Daher bietet sich hier ein großer Raum für Spekulationen und Legenden, die sich um dieses Ereignis herum gebildet haben.

Bräuche und Traditionen

Stille

In den Kirchen ist es an Karsamstag sprichwörtlich totenstill. Die Kirchenglocken schweigen, der Altar ist völlig schmucklos und es werden keine Sakramente gespendet.

Vorbereitung für Ostern

Auch wenn es still ist und an Karsamstag der letzte Tag der Fastenzeit ist, so beginnt doch schon die Vorbereitung für das Osterfest mit ihren alltäglichen Arbeiten. Die Wohnung wird geputzt, es wird dekoriert, gebacken und Ostereier gefärbt.

Gut zu wissen

Karsamstag ist der Samstag vor Ostern und wird manchmal fälschlicherweise Ostersamstag genannt. Dieser findet aber erst in der Woche darauf statt.

Wie feiern wir Karsamstag?

Indem wir die Stille aushalten. Vielleicht schaffen wir es, die Stille auch in unsere Wohnzimmer zu bringen und an diesem Tag die Geräusche und Eindrücke zu reduzieren. Radio, Musik und Fernseher auszulassen, das Handy zur Seite zu legen und die Stille um uns herum wahrzunehmen. Vielleicht auch die Stille, die sich über unsere Hoffnungen und Versprechen gelegt hat. Die Stille auf unbeantwortete Fragen oder Glaubenszweifel. Vielleicht schaffen wir es an diesem Tag, Jesus auch in diese Stille hinein einzuladen.

Der Osterweg steht noch in unserem Wohnzimmer, aber auch hier bleibt es heute still.

Nach dem Mittagessen fangen wir an, Ostern vorzubereiten. Wir färben Eier, backen Hefezopf, vielleicht basteln die Kinder etwas.

Zum Nach- und Weiterdenken

Gott, der enttäuscht

Ich dachte, du würdest mich beschützen.
Jetzt ist mein Baby tot.
Ich dachte, du hättest einen Plan für mein Leben.
Jetzt liegt alles in Trümmern.
Ich dachte, du würdest mich versorgen.
Jetzt stehe ich da. Ohne Job und ohne Zukunft.
Ich dachte, du könntest heilen.
Warum lässt du mich dann leiden?
Ich dachte, du würdest mich lieben.
Aber wie konntest du das dann zulassen?
Ja, Gott. Wie konntest du das zulassen?

Du sagst, du bist der Gott, der beschützt, der heilt, der versorgt.
Heute bist du der Gott, der ent-täuscht.
Und der mir die Stille zumutet.

Stille

Es ist die Stille, neun Monate lang, bevor neues Leben geboren wird. Lang ersehnt und erahnt. Der erste Schrei, der das stille, lange Warten durchbricht.

Es ist die Stille, die einen Winter lang wie tot im Erdboden lag. Zartes Grün, das Schnee und Kälte durchbricht.

Es ist die Stille, die loslässt. Ein Blatt, das im Herbst zu Boden sinkt. Verlorenes, das gehen darf.

Es ist die Stille zwischen zwei Herzschlägen. Atem, der ein- und ausgeht. Pures Leben.

Stille ist hoffen, aber nicht sehen. Stille ist glauben, wenn nichts darauf hindeutet. Stille ist Geduld, die glaubt. Sie ist leise und tonnenschwer. Stille ist Leben, kurz bevor es für alle sichtbar wird.

Mein Gebet

Stille.

Mit allen Sinnen

Wenn wir keine Nachrichten oder Bücher lesen. Wenn da keine Gespräche und keine Geschichten sind. Macht euch auf die Suche! Haltet eine Zeit lang Stille aus. Wie klingt Stille?

AUFERSTANDEN

OSTERSONNTAG

Warum sucht ihr den Lebenden bei den Toten?
Er ist nicht mehr hier. Er ist auferstanden!
Lukas 24,5f

Worum geht es bei diesem Fest?

„Der Herr ist auferstanden, er ist wahrhaftig auferstanden!“ Mit diesem Bekenntnis begrüßen sich Christen seit Jahrhunderten überall auf der Welt. Es ist eines der größten Feste der Christenheit, auch wenn seine Bedeutung heute manchmal zwischen Osterhasen und Sonntagsbrunch zu verschwinden droht. Dem Tod ist alle Macht genommen, er ist besiegt, er ist nicht das Ende! Jesus lebt nicht nur in unseren Gedanken oder seinen Ideen weiter, nein, er ist tatsächlich, leibhaftig auferstanden.

Sag, Tod, was hast du dem entgegenzusetzten? Nichts! Wir haben uns nicht getäuscht. Wir haben nicht umsonst gehofft und geglaubt, gegen alle Umstände.

Das ist die Nachricht, die alles verändert.

Und auch wenn wir jetzt noch mittendrin stehen in einer Welt voller Dunkelheit, voller Tod, wo wir so wenig sehen von dieser Auferstehungshoffnung, so feiern wir im Glauben daran. Und manchmal ist das Feiern eine „Heilige Rebellion“[3].

Und wenn dunkle Nachrichten diesen Tag überschatten und wir mit persönlichen Schicksalsschlägen kämpfen, dann feiern wir trotzig weiter.

Vielleicht ganz leise und zaghaft, vielleicht, indem wir nur dabei stehen in einer Gemeinschaft, die uns an diesem Tag mitträgt, aber wir feiern. Denn das ist unser Bekenntnis an diesem Tag: Der Tod hat nicht das letzte Wort. Schmerz, Verzweiflung, Leid, Hoffnungslosigkeit – das ist nicht das Ende. Denn der Herr ist auferstanden: Er ist wahrhaftig auferstanden! Halleluja!

---

3 Danke, Veronika Smoor, für diesen schönen Ausdruck!

Hintergrundinfo

Mit der Auferstehung Jesu war für die Jünger Jesu die Hoffnung verknüpft, dass auch sie nach ihrem Tod, genau wie Christus, auferstehen werden.

„Ebenso werden wir alle zu neuem Leben auferweckt, weil wir mit Christus verbunden sind" (1. Korinther 15,22). Auch mit der Taufe ist genau dieser Gedanke verknüpft: Der Täufling geht mit Jesus in den Tod, um dann mit ihm aufzuerstehen.

Bräuche und Traditionen

Osterhase

Anfangs war der Osterhase nur ein Tier von vielen (neben dem Kuckuck, Fuchs, Storch), denen zugeschrieben wurde, dass sie heimlich Eier verteilen. Heute ist er das bekannteste Symbol für die Osterzeit. Wie genau es dazu kam und warum sich gerade der Hase durchsetzte, weiß man nicht. Aber der Hase steht wie das Ei als Symbol für Fruchtbarkeit und Leben.

Ostereier färben

Schon vor Entstehung des Christentums war das Ei als Symbol für Fruchtbarkeit bekannt. Und was gäbe es für ein besseres Symbol für Ostern? Das, was von außen tot und leblos wie ein Stein erscheint, bricht auf und es entschlüpft neues Leben! Und so wurde das Ei schnell zum Symbol der Auferstehung. Während der Fastenzeit wurde unter anderem auch auf Eier verzichtet. Diese wurden dann eingefärbt und es bestand keine Gefahr, sie mit den frischen Eiern zu verwechseln.

Osternacht

Schon die frühen Christen feierten die Osternacht. Heute wird sie traditionell als liturgischer Gottesdienst mit Lichtfeier, Lesungen, Taufe und Abendmahl begangen.

Der genaue Zeitpunkt der Osternacht ist nicht festgelegt, einige Gemeinden feiern sie kurz vor Mitternacht, andere kurz vor Sonnenaufgang mit einem anschließenden Osterfrühstück.

Osterkerze und Osterfeuer

An vielen Orten wird das Osterfeuer am Anfang der Osternacht entzündet. An ihm wird auch die Osterkerze angezündet und mit dem Ausruf „Christus, Licht der Welt" in die dunkle Kirche hineingetragen. Die Osterkerze brennt jeden Sonntag das ganze Jahr über und an ihr werden auch die Taufkerzen angezündet.

Gut zu wissen

Die Auferstehung Jesu an einem Sonntag ist der Grund, warum die Christen ihren Ruhetag, den „Sabbat", vom Samstag auf einen Sonntag verlegt haben.

Früher wurde traditionell in der Osternacht getauft.

Wie feiern wir Ostersonntag?

Jesus ist auferstanden! Es gibt keinen größeren und schöneren Grund, um zu feiern! Und das sollten wir tun!

Wir decken den Tisch wie an keinem anderen Tag im Jahr. Mit Osternestern, bunten Eiern, Hefezopf, Osterglocken, Tulpen, all unseren Lieblingsspeisen und dem Ostergrab in der Mitte. Und wenn es irgendwann Schokolade und Limo zum Frühstück geben sollte, dann an diesem Tag!

Und seit letztem Jahr, als wir Ostern im Lockdown waren, schreiben wir in großen bunten Buchstaben auf die Straße vor unserem Fenster: AUFERSTANDEN.

Und dann gehen wir in unsere Gemeinden, grüßen einander mit diesem jahrhundertealten Bekenntnis: „Der Herr ist auferstanden! Er ist wahrhaftig auferstanden!“ Und wir feiern zusammen, so wie das in unserer Tradition an diesem Tag üblich ist.

Egal ob Osternacht oder Osterfrühstück, Osterfeuer oder Eiersuchen, mit alten oder neuen Liedern, beim Sitzen oder Tanzen, das ist der Tag zum feiern! Wir sollten uns in unsere Lieblingskleider schmeißen, einander umarmen und um die Wette strahlen.

Auferstanden! Das ist die Nachricht, die alles verändert.

Daheim zünden wir unsere Osterkerze an, gestalten die letzte Station auf unserem Ostertisch und erzählen einander wieder und wieder, wie Jesus am dritten Tag auferstanden ist. So lange, bis wir es glauben können. Und dann drehen wir die Musik noch ein bisschen lauter und tanzen durch unser Wohnzimmer.

Zum Nach- und Weiterdenken

Was sucht ihr den Lebenden unter den Toten?

Was sucht ihr den Lebenden unter den Toten?
Was trauert ihr, als hätte der Tod das letzte Wort?
Was verzweifelt ihr, als gäbe es keine Hoffnung?
Er ist nicht hier.

Was weint ihr, als gäbe es kein Morgen?
Was arbeitet ihr, als läge alles an euch?
Was fürchtet ihr euch, als wärt ihr allein?
Er ist nicht hier.

Was klammert ihr euch an das Leben, als wäre es alles, was ihr habt?
Was sorgt ihr euch, als würde das etwas ändern?
Was sucht ihr den Lebenden unter den Toten?

Er ist nicht hier.
Er ist auferstanden.
Und das verändert alles.
Unser Glauben und Hoffen, unser Zweifeln und Sorgen.
Unser Arbeiten und Fürchten.
Unser Leben und Sterben.

Maria Magdalena

Ich laufe den staubigen Weg entlang. Das Gras ist noch feucht vom Tau in der Nacht. Die Nacht, in der ich kein Auge zugetan habe. Die Bilder haben mich wachgehalten. Wenn ich die Augen schließe, dann höre ich jedes Mal die Schreie und das Röcheln. Dieses entsetzliche Röcheln, der Kampf um jeden Atemzug. Am Anfang hätte ich ihn fast nicht erkannt. Wie er da hing. Sein Gesicht verquollen, sein Körper in Fetzen und überall Blut. Die Menge drumherum, die tobte, und ich stand einfach nur da. Ich sah ihn an und konnte mich nicht bewegen. Ich wollte schreien und irgendwas tun, doch ich stand einfach nur da. Ich sah ihn an und wusste noch ganz genau, wie er mich das erste Mal angesehen hatte.

So wie noch niemals jemand davor. Denn meistens waren die Blicke voller Angst. Und wer kann es den Leuten verdenken! Wie oft hatte ich Angst vor mir selbst. Wusste nicht, wann sie wieder erwachen. Die Stimmen in mir. Was sie tun würden. Und dann kam er und die Stimmen gingen. Nur ein Wort hatte genügt und das erste Mal war ich frei. Ich hatte ein Leben.

Und dann stand ich da und musste zusehen, wie er seins verlor. Und so schlimm dieses Keuchen und Röcheln war, wie viel schlimmer war die Stille, die dann folgte. Der kurze Aufschrei und die Stille, bevor der Himmel zerbrach.

Ich laufe den staubigen Weg entlang. Das Gras ist noch feucht vom Tau in der Nacht.

Dort am Kreuz, da habe ich nichts tun können. Ich habe ihn nicht retten können. Aber er soll wenigstens in Würde begraben werden. Auch wenn das alles ist, was ich tun kann. Die Salben und Öle wiegen schwer in meiner Tasche. Neben mir gehen die anderen Frauen. Auch sie sind in Gedanken verloren. Auch sie hat das Grauen gezeichnet.

Und dann stehen wir da. Vor einem offenen Grab. Und dort, wo er liegen sollte, stehen zwei Männer. Hell und gewaltig, ich traue mich nicht, sie anzuschauen. Und ihre Stimmen höre ich nur wie im Traum, denn sie passen nicht zu meiner Wirklichkeit.

„Was sucht ihr den Lebenden bei den Toten? Er ist nicht hier, er ist auferstanden."

Wir laufen, so schnell uns unsere Beine tragen, doch als wir bei den Jüngern ankommen, da glauben sie uns nicht. Wie denn auch? Ich glaube es ja selbst nicht. Denn es wäre zu schön, um wahr zu sein.

Er ist weg. Und ein letztes Mal laufe ich den staubigen Weg entlang. Das Gras ist noch feucht vom Tau in der Nacht. Feucht wie die Tränen in meinem Gesicht. Das erste Mal seit seinem Tod kann ich weinen. Er ist weg. Ich weiß nicht, wo. Und ich frage mich, was aus mir werden soll.

Ich stehe vor seinem Grab, als ein Mann zu mir tritt. Er sieht meine Tränen. Und dann spricht er nur ein Wort. Er nennt mich beim Namen, wie damals, als die Stimmen, die so viele andere Namen hatten, verschwanden.

Nur dieses eine Wort genügt, um alles zu verändern.

Ich kann ihn sehen und ich weiß, dass es stimmt. Er lebt!

Mein Gebet

Der Herr ist auferstanden – er ist wahrhaftig auferstanden!
Halleluja!

Mit allen Sinnen

Ostergrab basteln

Ihr braucht:

- einen Untersetzter aus Ton
- einen Tontopf
- Erde
- Moos oder Kresse
- einen Stein

Das Ostergrab könnt ihr in verschiedenen Größen gestalten, als kleine Version für euren Ostertisch oder etwas größer für den Garten. Dazu wird der Tontopf mit der Öffnung nach vorne auf den Untersetzer oder die Erde gelegt. Dann wird ein Hügel Erde darüber verteilt – fertig ist die kleine Grabhöhle. Den Stein könnt ihr vor die Öffnung stellen und am Ostermorgen zur Seite rollen. Wer mag, versieht ihn mit einer kleinen Botschaft („Jesus lebt" oder „Auferstanden"). Die Grabhöhle könnt ihr außerdem mit Moos oder Kressesamen überdecken. Wer will, steckt ein Holzkreuz darauf, und ihr könnt das Ganze mit Fundstücken nach eurem Belieben verzieren.

Osterkerze

Dazu braucht ihr eine große, dicke, weiße Kerze, bunte Wachsplatten, ein Messer und evtl. Keksausstecher. Alternativ gibt es auch extra Wachsstifte.

Mit den bunten Wachsplatten oder Stiften könnt ihr nun die Kerze verzieren.

Die Osterkerze steht jeden Sonntag bei uns auf dem Esstisch und wird angezündet. Denn jeden Sonntag wollen wir uns an diese Botschaft erinnern: Jesus ist auferstanden!

HIMMELFAHRT

**Nachdem er das gesagt hatte,
wurde er vor ihren Augen in den Himmel emporgehoben.
Eine Wolke verhüllte ihn, und sie sahen ihn nicht mehr.**
Apostelgeschichte 1,9

Worum geht es bei diesem Fest?

Himmelfahrt. Jesus kehrt endlich zurück nach Hause zu seinem Vater. Über dreißig Jahre hatte er auf der Erde gelebt. Und vierzig Tage lang war er nach Ostern immer wieder seinen Freunden erschienen. Er aß mit ihnen und lehrte sie über die Verheißungen der Propheten und das Reich Gottes, über den Himmel. Manchmal fragen wir uns: „Jesus, warum musstest du gehen? Warum hast du uns hier zurückgelassen? Es wäre doch so viel einfacher, wenn du noch da wärst."

Doch was wir (und die Jünger damals auch!) manchmal übersehen, ist, dass Jesus gehen musste, um bei uns zu sein. Denn körperlich auf der Erde zu sein bedeutete auch, an Zeit und Raum gebunden zu sein. So konnte er nur an einem Ort zu einer Zeit anwesend sein. Durch sein Gehen machte er Platz für die Ankunft des Heiligen Geistes. Und auch wenn Himmelfahrt auf den ersten Blick erscheint, als wäre es das Abschiednehmen Jesu von seinen Freunden, so ist es doch der Anfang, um bei ihnen – bei uns zu sein. Zu jeder Zeit, an jedem Ort! Der Himmel ist kein räumlicher Ort über uns oder weit weg, sondern der Ort, wo Jesus ist.

Als er zu seinem Vater in dessen unmittelbare Gegenwart zurückkehrte, kehrte Jesus nach Hause zurück. Dort legt er nicht gemütlich die Füße hoch, sondern nimmt Platz zur Rechten Gottes. Dort, wo alle Macht, alle Gewalt, alle Möglichkeiten liegen. Himmelfahrt bedeutet, dass Jesus sich als der König aller Könige, Herr über alle Herren, der Gott-gleiche offenbart. Seit diesem Tag warten wir darauf, dass er auf diese Art und Weise auch wiederkommt.

Hintergrundinfo

Auch andere Religionen kennen das Motiv der Himmelfahrt, d. h. ins Jenseits zu gelangen, ohne zu sterben. Dabei handelt es sich immer um besonders heilige Personen. Das Einzigartige an Christi Himmelfahrt ist, dass Jesus zuvor ja tatsächlich leiblich gestorben ist und erst nach seiner Auferstehung in den Himmel fährt.

Bräuche und Traditionen

Die Osterkerze auspusten

Mancherorts wird an Himmelfahrt die Osterkerze ausgepustet, um sie dann erst an Pfingsten wieder zu entzünden. Damit soll den Jüngern nachempfunden werden, die seit dem Weggang Jesu auf sein Kommen durch den Heiligen Geist gewartet haben.

Entrückung einer Christusstatue

Früher wurde die Himmelfahrt Jesu mit einer Christusfigur tatsächlich nachgespielt. An einem Seil wurde diese bis zur Decke der Kirche gezogen, von wo aus es Blumen oder Heiligenbilder regnete.

Vatertag

Anfangs war Christi Himmelfahrt ein religiöser Feiertag mit der Tradition, bei langen Himmelfahrtsprozessionen durch den Ort zu ziehen.

Nach und nach entwickelten sich daraus die sogenannten „Herrenpartien" – das, was wir heute unter den Vatertagswanderungen kennen, bei denen Männer, egal ob Vater oder Junggeselle, Wanderungen oder Radtouren unternehmen und ordentlich trinken. Gleichzeitig gibt es aber auch viele Familien, die den Vatertag als Pendant zum Muttertag feiern.

Gut zu wissen

Anfangs wurde Himmelfahrt am selben Tag wie Pfingsten gefeiert.

Jesus war nicht der Erste, der in den Himmel aufgefahren ist. Im Alten Testament gibt es die Geschichte von Elia, der in einem brennenden Streitwagen in den Himmel erhoben wird.

Wie feiern wir Himmelfahrt?

Unsere Feierkiste steht vor der Tür. In ihr liegt jedes Jahr ein anderes Symbol. Etwas, das uns erzählt, wie das Himmelreich, „der Himmel“, so ist. Das können Symbole aus der Bibel sein, aber auch selbsterfundene „moderne Gleichnisse“.

Das Himmelreich ist wie ein Senfkorn. Es beginnt winzig klein, kaum sichtbar für das bloße Auge. Doch dann wächst es heran und wird riesengroß.

Das Himmelreich ist wie Musik. Man kann es nicht mit den Augen sehen, aber es ist trotzdem da. Es bringt uns zum Weinen, zum Lachen und zum Tanzen.

Vielleicht können wir über die Jahre einen kleine Sammlung anlegen, wo wir diese Geschichten aufbewahren – unser eigenes kleines Buch über das Himmelreich. Mit vielen verschiedenen Gegenständen und Worten, die versuchen, zu beschreiben, wie der Himmel so ist. Nicht weit weg, sondern immer hier, mitten unter uns.

Und wir können an diesem Tag auch unseren Bollerwagen packen, eine Picknickdecke reinwerfen, Schokoladenkuchen (ich finde, der Himmel ist auch ein bisschen wie Schokoladenkuchen), Kaffee, Erdbeeren, Frisbees, Fußbälle und was man für einen schönen Mittag so braucht. Und dann zusammen mit Freunden losziehen und unterwegs so viele Dinge entdecken, wie der Himmel noch so ist. Wie das Lachen von Kindern, ein plötzlicher Regenschauer, wie Erdbeeren und Limonade.

Ach, und ich finde, wir dürfen an diesem Tag auch unsere Papas ein bisschen feiern!

Denn der Himmel ist auch wie das Umarmtwerden von einem Vater, der einen bedingungslos liebt.

Zum Nach- und Weiterdenken

Heimkommen

Wie sehr musst du ihn vermisst haben. Immer mit ihm verbunden und auf einmal musstest du weit weg. Heimweh, das dich immer wieder getrieben hat. In den Garten, in die Stille. Um nur einen Augenblick, eine Stunde seine Stimme zu hören. Wie ein Anruf daheim. Wie sehr muss dein Herz getanzt haben bei deiner Taufe. Wo dein Vater für alle hörbar ganz laut und voller Stolz gerufen hat: „Seht her: Das ist mein Sohn. Ich bin so stolz auf ihn. Ich hab dich so sehr lieb."

Und jetzt stehst du da, hinter dir deine Freunde, deine Brüder. Erschrocken, verängstigt. Weil sie nicht wissen, was kommt. Ich glaube, du hast gelächelt, als du gesagt hast: „Keine Angst. Ich lasse euch nicht allein. Ich werde immer bei euch sein. Bis ans Ende dieser Welt." Abschiedsworte. Trostworte. Segensworte. Anfangsworte.

Und vor dir dein Vater. Dein Sehnsuchtsort. Dein Zuhause. Und dann bist du gegangen.

Himmelfahrt. Vielleicht war das für dich wie Heimkommen.

Der Himmel ist wie …

Wie oft denke ich:
Wie gut haben es die Sorglosen.
Ohne Grübeln und Ängste können sie durch ihr Leben gehen.
Wie gut haben es die, die finanziell gut dastehen.
Sie müssen keine Angst vor der Zukunft haben.
Wie gut haben es die Furchtlosen.
Die, die schlaflose Nächte und Bauchschmerzen nicht kennen.
Wie gut haben es die Mächtigen.
Sie bekommen, was sie wollen.
Wie gut haben es die, denen alles gelingt.
Sie müssen sich nicht mit ihren Fehlern
und ihrem Versagen auseinandersetzen.
Wie gut haben es die, die einen guten, angesehenen Job haben.
Sie wissen, dass sie versorgt sind.

Wie gut haben es die Einflussreichen.
Sie können etwas bewegen und verändern.
Wie gut haben es die Starken. Sie haben ihr Leben im Griff.

Da höre ich Jesus sagen:
Freuen dürfen sich die Sorgenvollen.
Sie dürfen lernen, mit ihren Sorgen zu mir zu kommen.
Freuen dürfen sich die Gebrochenen.
Ihnen bin ich besonders nahe.
Freuen dürfen sich die, die nicht mehr können.
Sie können bei mir Ruhe finden.
Freuen dürfen sich die, die es alleine nicht schaffen.
Denn das müssen sie nicht.
Freuen dürfen sich die Traurigen.
Sie werden getröstet werden.
Freuen dürfen sich die Barmherzigen.
Sie werden Barmherzigkeit finden.
Freuen dürfen sich die, deren Träume und Pläne zerplatzen.
Denn auf dem Umweg warte ich bereits auf sie.
Freuen dürfen sich die, die merken, wie verloren sie sind.
Ich bin gekommen, um sie zu finden.
(mehr in Matthäus 5,3ff.)

Denn das Himmelreich ist wie der Looping in einer Achterbahn. Es stellt meine Welt völlig auf den Kopf.

Mein Gebet

Vater unser im Himmel, beten wir.
Aber wie kann ich mir das vorstellen, Gott?
Wenn ich mich auf den Rücken lege und
in den Frühlingshimmel schaue,
versuche ich es zu begreifen:
Unendlich blau ist er.
Weit und tief, fassen kann ich ihn nicht – wie dich!

Manchmal fühle ich mich wie im Himmel, Gott.
Dann verlier ich ein Gefühl für die Zeit.
Ob Stunden oder Sekunden vergehen – ich weiß es nicht.
Aber es ist sehr gut.
Diese Momente sind kostbar und ewig. Wie Du.

Himmelssüchtig möchte ich sein und doch
mit beiden Füßen auf der Erde stehen.
Die Ewigkeit schmecken und doch die Zeit auskosten.
Du, Vater im Himmel,
begleite mich dabei.
Amen.
Anne Lüters[4]

---

4 https://kirchenjahr.bayern-evangelisch.de/gebet-an-himmelfahrt.php, abgerufen am 21.11.2021.

Mit allen Sinnen

Der Himmel zum Anfassen – Ideen für die Feierkiste

Weißt du, was ich so an den Gleichnissen von Jesus liebe? Dass er tiefe Wahrheiten mit ganzen einfachen Dingen hier auf der Erde vergleicht. So auch den Himmel. Vielleicht, weil der Himmel nicht weit weg ist, sondern dort, wo Jesus ist.

Hier ein paar Ideen für unsere Feiertagskiste:

- Ein Glas mit Sauerteig – zum Brotbacken
- Eine Handvoll Münzen – zum Verlieren und Wiederfinden
- Samen, die wir einpflanzen können
- Ein Lottoschein – die Hoffnung auf einen großen Schatz
- Ein Licht – das man nicht verstecken soll

PFINGSTEN

Aber ihr werdet den Heiligen Geist empfangen und durch seine Kraft meine Zeugen sein in Jerusalem und ganz Judäa, in Samarien und überall auf der Erde.
Apostelgeschichte 1,8

Worum geht es bei diesem Fest?

Die Jünger Jesu sitzen zusammen in einem Raum in Jerusalem, als auf einmal ein gewaltiger Sturm das Haus erfüllt. Feuer erscheint, das sich in kleine Zungen aufteilt und sich auf sie setzt.

An diesem Tag erfüllt sich ein altes Versprechen (Joel 3,1): dass Gott in den letzten Tagen seinen Geist schenken wird. Alte und Junge, Freie und Sklaven, Männer und Frauen werden mit ihm erfüllt. Das ist das Versprechen, das Jesus immer wieder wiederholt hat: „Ich lasse euch nicht alleine. Ich schicke euch meinen Geist, der wird für immer bei euch sein." Dieser Geist ist der versprochene Tröster, Lehrer, Beistand, Ermutigter und er ist Gottes Versprechen, dass wir zu ihm gehören, er ist Jesu bleibende Gegenwart, Christus in uns.

Und damit ist Pfingsten auch die Geburtsstunde der Kirche. Aus einem bunt zusammengewürfelten Haufen ganz unterschiedlicher Menschen macht Gott seine Kirche. Er hebt alle bis dahin gültigen Barrieren auf: Geschlecht, Herkunft, Stand spielen keine Rolle mehr. An dem ersten Pfingsttag schenkt er den Jüngern eine Sprache, die die Menschen aus den unterschiedlichsten Ländern verstehen. Und es ist für die Jünger der Startschuss, das zu tun, was Jesus ihnen aufgetragen hat: zu lehren, zu taufen und zu Jüngern zu machen, nicht nur in Jerusalem oder Israel, sondern überall auf der Welt. Und deshalb feiern wir Pfingsten: weil Gott uns seinen Heiligen Geist geschenkt hat. Nie wieder sind wir allein. Und mit ihm diese wunderbar bunte, manchmal ganz schön komplizierte, unterschiedliche Kirche, in der wir feiern und trauern, streiten, uns versöhnen, in der wir schuldig werden und Vergebung erfahren, einander begleiten, beten und mitgehen.

Hintergrundinfo

Das erste Pfingstfest fand am jüdischen Festtag *Schawuot* statt. Das ist auch der Grund, warum zu dieser Zeit so viele Juden aus verschiedenen Ländern in Jerusalem versammelt waren. Denn dieser Tag ist einer der drei großen jüdischen Pilgerfeste (neben dem Passahfest und dem Laubhüttenfest), bei dem auch Juden aus der Diaspora (d. h. außerhalb Israels) kamen.

An Schawuot wurden die ersten Früchte als Dankopfer nach Jerusalem in den Tempel gebracht. Außerdem ist die Offenbarung Gottes am Sinai und die Gabe der Zehn Gebote an sein Volk wichtiger Bestandteil dieses Festes.

Und das ist eigentlich total passend. Denn wie Gott an Schawuot seinem Volk seine Gebote schenkte, so schenkt er an diesem Tag den Heiligen Geist, der wird „mein Gesetz in ihr Herz geben und in ihren Sinn schreiben, und sie sollen mein Volk sein, und ich will ihr Gott sein“ (Jeremia 31,33; Luther).

Bräuche und Traditionen

Pfingsttaube

Die Taube ist wie die Feuerzungen ein Symbol für den Heiligen Geist. In dieser Form erscheint er bei Jesu Taufe (Lukas 3,22). Symbole sind der Versuch, etwas Unsichtbares durch ein Bild begreiflich zu machen.

Gottesdienst im Grünen

Pfingsten wird im Frühling gefeiert. Schon beim Schawuotfest war es üblich, die Synagogen mit Blumen und viel frischem Grün zu dekorieren. Und auch heute nutzen viele Gemeinden diesen Tag, um einen Gottesdienst im Freien, im Park oder auf der Wiese zu feiern. In der Jugendarbeit sind auch Pfingstzeltlager sehr beliebt.

Pfingstfeuer

In manchen Gegenden werden Pfingstfeuer entzündet, die an die Feuerzungen und damit den Heiligen Geist erinnern sollen.

Gut zu wissen

Das Wort Pfingsten kommt von dem griechischen Wort *pentēkostē* und bedeutet fünfzigster (Tag). Pfingsten wird 50 Tage nach Ostern gefeiert.

Das Pfingstfest ist neben Weihnachten und Ostern das bedeutendste Fest der Christen, weshalb es wie die beiden anderen auch zwei freie Tage hat.

Wie feiern wir Pfingsten?

Wir machen es uns morgens mit dem ersten Kaffee gemütlich und lesen zusammen die Pfingstgeschichte. In unserer Feierkiste finden wir dann verschiedene Symbole für den Heiligen Geist. Mit denen schmücken wir unser Wohnzimmer und erklären dabei, was der jeweilige Gegenstand mit Pfingsten und dem Heiligen Geist zu tun hat (siehe „Mit allen Sinnen“). Vielleicht können wir die Kinder raten lassen oder sie wollen es sich gegenseitig erklären.

Zusätzlich gibt es in der Feierkiste ein kleines Album (oder Video) mit verschiedenen Bildern, wie Kirche überall auf der Welt und zu verschiedenen Zeiten aussieht und ausgesehen hat. Zusammen staunen wir, wir bunt und unterschiedlich man Kirche leben kann und dass der Heilige Geist doch alle miteinander verbindet.

Falls ihr über Pfingsten im Urlaub seid, dann schaut euch doch vor Ort mal die Kirche an.

Zum Nach- und Weiterdenken

Pfingstrot

Der Text ist inspieriert von der Initative *#wirsehenPfingstrot* von Hanna Jacobs, Julia Koll, Elisabeth Rabe-Winnen und Birgit Mattausch, bei der sich Menschen in den sozialen Netzwerken in den Wochen vor Pfingsten auf die Suche nach Rotem in ihrem Alltag machen.

Pfingsten ist rot.
Rot wie der große rote Kühlschrank in unserer Küche,
der uns mit allem versorgt, was wir zum Leben brauchen.
Rot wie der kleine Hocker vor unserem Badezimmerwaschbecken,
der die Kleinen ganz groß macht.
Rot wie der Papierflieger im Kinderzimmer.
Gottes Geist ist frei und wild und er segelt, wohin er will.
Rot wie die Ampel auf dem Weg zum Kindergarten.
Rot wie die Duplosteine auf dem Teppichboden.
Mit ihnen entstehen die größten
Kunstwerke.
Rot wie Ketchuprot. Es gibt nichts,
was meine Kinder mehr lieben.
Rot wie die Feuerwehr, die durch die
Straßen flitzt,
um zu bergen und zu retten.
Sonnenauf- und untergänge sind rot.
Und damit auch Neuanfänge.
Wut ist rot, und Mut auch.
Blut ist rot
und die Liebe.

Wenn wir genau hinschauen,
dann sehen wir überall rot.
Pfingstrot.

Kirche hat viele Gesichter

Kirche hat viele Gesichter. Wir finden sie in der lauten, vollen Megachurch. Mit Lautsprechern und Nebelmaschine und Welcome-Team.

Oder zwischen den drei alten Frauen, die sich jeden Sonntag im Wohnzimmer treffen, beten und Kuchen essen.

Sie ist in der superhippen, neugegründeten Stadtteil-Initiative oder im traditionellen, landeskirchlichen Sonntagmorgen-Gottesdienst mit Orgel und Posaunenchor.

Wir finden sie in der heiligen Messe und in Hauskirchen beim gemeinsamen Grillen.

Manchmal sitzt sie in Kinderspielecken, manchmal in Kneipen oder kleinen Cafes.

Sie trifft sich auf dem Fußballplatz und in Beichtstühlen.

Sie spricht alle Sprachen der Welt.

Sie ist laut und leise.

Denn Kirche ist, wo Menschen sind, die Jesus lieben.

Mein Gebet

Komm, Heiliger Geist,
du Geist der Wahrheit, die uns frei macht.
Du Geist des Sturmes, der uns unruhig macht,
du Geist des Mutes, der uns stark macht.
Du Geist des Feuers, das uns glaubhaft macht.
Komm, Heiliger Geist,
du Geist der Liebe, die uns einig macht.
Du Geist der Freude, die uns glücklich macht.
Du Geist des Friedens, der uns versöhnlich macht.
Du Geist der Hoffnung, die uns gütig macht.
Komm, Heiliger Geist!
Leonardo Boff[5]

5 https://www.erzdioezese-wien.at/site/glaubenfeiern/imkirchenjahr/pfingsten/article/30455.html, abgerufen am 29.11.2021.

Mit allen Sinnen

Der Heilige Geist ist wie ein Feuer, er wärmt, brennt und lodert. Deshalb hängen wir orangefarbene, gelbe und rote Kreppstreifen über unseren Esstisch.

Der Heilige Geist ist wie der Wind. Ein sanftes Flüstern und eine tosende Naturgewalt. Wir sehen ihn nicht, aber die Dinge, die er in Bewegung setzt. Deshalb dekorieren wir unseren Tisch mit einem großen Windrad.

Der Heilige Geist ist wie ein Schneider. Aus unterschiedlichen Menschen und Kulturen macht er eine Kirche.

Deshalb dekorieren wir unseren Tisch mit einer großen, bunten Patchwork-Tischdecke.

TRINITATIS KREIS

die Tage werden kürzer
wir sammeln die letzte Ernte ein
entzünden Lichter in der Nacht
ordnen uns, drehen um, wo nötig
und wissen, das Ende ist die Ewigkeit
ewige Heimat. Endlich zu Hause.

ERNTEDANK

„Hier sind wir nun und bringen dir die ersten Früchte des Landes, das du, HERR, uns geschenkt hast." Legt die Früchte vor dem HERRN, eurem Gott, nieder und betet ihn an! Freut euch mit euren Familien an allen guten Gaben, die der HERR euch geschenkt hat. Ladet zu eurem Fest auch die Leviten und Ausländer ein, die bei euch leben.
5. Mose 26,10f

Worum geht es bei diesem Fest?

Beim Erntedankfest feiern wir Gott, den Schöpfer, der uns mit einer reichen Ernte beschenkt hat. Der Regen, Sonne und fruchtbaren Boden gibt, der die Früchte und die Ernte wachsen lässt und uns versorgt.

Auf den ersten Blick scheint dieses Fest nur noch wenig mit unserer Lebenswirklichkeit zu tun zu haben. Kaum jemand arbeitet mehr in einem landwirtschaftlichen Beruf, es ist selbstverständlich, dass wir gefüllte Kühlschränke und überquellende Supermärkte vorfinden. Wie gesegnet sind wir! Und wie schwer ist es in all dem Überfluss, nicht das Bewusstsein dafür zu verlieren, dass all die Dinge, die wir haben, keine Selbstverständlichkeit sind, sondern die Gabe eines großzügigen, geradezu verschwenderischen Gottes.

Auch unsere moderne Arbeit nehmen wir manchmal als unseren eigenen Verdienst an. Doch Bildung, Gesundheit, Kreativität, Begabungen, all die Dinge, die uns das Arbeiten ermöglichen, haben wir nicht verdient, sondern sie sind uns geschenkt worden. Wie sehr leiden wir an erfolgloser Arbeit, die zu nichts führt. Und wie viel mehr sollten wir unsere Arbeit feiern, die Früchte trägt und nicht ins Leere läuft. Einem Schöpfergott danken, der zu unserer harten Arbeit seinen Segen und sein Wachstum gegeben hat.

Deshalb ist Erntedank so wichtig. Es ehrt unsere Arbeit. Wir dürfen bebauen, pflanzen, säen, ernten, einkochen. Wir dürfen bauen, schreiben, programmieren, lehren, erziehen, montieren. Das ist die Würde, die Gott uns gibt. Und noch viel mehr ehrt sie Gott, der Boden, Frucht und Wachstum schenkt und uns mit Gutem überschüttet. Das geheimnisvolle Miteinander zwischen ganzem Einsatz und ganzer Abhängigkeit. Und es öffnet unsere Hände, weil es uns daran erinnert, dass wir Verwalter und nicht Besitzer unserer Gaben sind. Das Feiern von Gottes Güte und Großzügigkeit lässt die Stimmen in uns leiser werden, die uns einreden wollen, wir würden zu kurz kommen oder für uns wäre nicht genug da.

Bin ich beschenkt! So überreich beschenkt.

Hintergrundinfo

Erntefeste sind überall auf der Welt bekannt. Das mag daran liegen, dass das Überleben der Menschen schon immer von einer guten Ernte abhing und die Unverfügbarkeit der Natur jedes Jahr aufs Neue erlebbar war.

Bräuche und Traditionen

Erntedank-Altar

Zum Erntedankfest werden in vielen Gemeinden der Altar oder ein Tisch reich geschmückt – mit Feldfrüchten, Brot und Blumen, aber auch gut haltbaren Konserven.

Der Erntedankaltar ist eines der bekanntesten biblischen Rituale. Schon in 1. Mose 4,3f wird berichtet, wie Kain Früchte und Abel die ersten Lämmer seiner Herde Gott opferten. Und schon hier zeigt sich, dass es nicht so sehr um die Gabe an sich geht, sondern um die Herzenshaltung des Gebenden.

Die Erntegaben werden am Ende des Gottesdienstes oft weitergeben, z. B. an Tafeln oder andere soziale Organisationen. An diesem Tag wird auch daran erinnert, dass in vielen Ländern dieser Erde das tägliche Brot keine Selbstverständlichkeit ist.

Festumzüge

Früher weit verbreitet, gibt es heute noch in manchen Gegenden (wie in unserem kleinen Ort!) die Tradition, das Erntedankfest mit einem großen Festumzug zu feiern. Reich geschmückte Wagen (die früher mit der Ernte der Felder beladen waren) rollen die gesperrten Straßen entlang. Es gibt Essensstände und Weinproben und es wird bis in die Nacht hinein gefeiert.

Gut zu wissen

Das amerikanische Thanksgiving ist wie Erntedank ein Erntefest, doch feiert man es deutlich später (am vierten Sonntag im November) und gedenkt hier auch der Geschichte der ersten Siedler, die nur durch die Hilfe der Ureinwohner, die ihnen Nahrung und Saatgut brachten, in der Neuen Welt überlebten.

Wie feiern wir Erntedank?

An Erntedank bauen wir in unserem Wohnzimmer einen kleinen Erntedanktisch auf. Hierzu stellen wir eine Kiste ins Wohnzimmer. Die Woche vorher haben wir fleißig die letzten Gartenschätze geerntet und die ersten Kastanien gesammelt. Mit unseren Garten- und Spaziergangsschätzen schmücken wir den Erntetisch. Wenn alles festlich gerichtet ist, singen wir zusammen das Lied *Zu jeder Jahreszeit ein Danke!* von Sabine Wiediger[6], wo-

6 Z. B. auf der CD: „Entdecke Gottes Welt: Im Herbst", cap! 2011.

bei wir uns die Strophen selbst ausdenken, je nachdem, was da auf unserem Erntetisch liegt.

Für den Apfel – ein Danke! Für den Kürbis – ein Danke! Für Kartoffeln – ein Danke! Denn alles Gute kommt von dir!

In den nächsten Tagen wird der Erntetisch dann geplündert. Ich hole den Kürbis fürs Mittagessen, die Birnen für die Obstrunde. Ab und zu finde ich einen angeknabberten Apfel oder die Zwiebeln werden durchs Wohnzimmer gekickt.

In manchen Jahren schaffen wir es, für unsere kleine Erntedankfeier Freunde einzuladen. Jeder darf etwas für den Erntetisch mitbringen und sich später etwas davon herunternehmen. Wir essen zusammen – mit kleinen Kindern am Buffett und wenn sie älter sind, träume ich von einem großen Erntedank-Dinner mit sieben Gängen. Und zwischen den Gängen erzählen wir uns, was Gott im letzten Jahr hat wachsen lassen. Die unerwarteten Schätze, die einfach so aufgetaucht sind, aber auch die hart erarbeiteten Siege, die uns viel Blut und Schweiß und Tränen gekostet haben.

Und am Schluss sprechen wir ein Dankgebet. Danke, Gott, du meinst es so gut mit uns!

Viele Gemeinden oder Kindergärten sammeln Erntegaben für das Erntedankfest. Wer das Glück hat, einen Garten oder Balkon zu besitzen, kann etwas Selbstgeerntetes abgeben. Es macht einen großen Unterschied, ob ich für 2 Euro im Supermarkt eine Packung Äpfel oder Tomaten kaufe oder sie mit viele Mühe und Liebe selbst vorziehe, pflege und ernte. Hier können wir erleben, dass es oft nicht in unserer Hand liegt, ob Dinge wachsen oder nicht. Wer keinen Garten hat, kann auch gut etwas Selbstgemachtes auf den Erntetisch legen. Eingekochtes Apfelmus, selbstgemachte Marmelade oder ein Erntedankbrot wären eine Idee.

Zum Nach- und Weiterdenken

Mein kleiner Erntedank-Kürbis

Ich stand vor dem reich geschmückten Erntetisch. Mein Herz pochte und langsam schob ich einen kleinen, weiß-grünen Kürbis zwischen eine Packung Nudeln und eine Dose mit Tomaten.

Mein erster, kleiner, selbst angebauter Kürbis. Monate zuvor hatte ich eine Handvoll Kürbissamen ausgesät. Zwanzig kleine Pflänzchen standen in unserer Küche und dem Wohnzimmer verteilt und warteten darauf, im Garten ausgepflanzt zu werden und zu großen Kürbispflanzen heranzuwachsen. Dachte ich. Ein paar vergessene Gießtage und die tolle Idee, die Pflanzen bei sengender Hitze aufs Dach zu stellen, überlebten nur die Hälfte. Die tapfer Geretteten holten sich die Schnecken. Wind und Wetter (und weitere Gießausfälle) erledigten den Rest. Am Ende stand da nur noch eine kleine Kürbispflanze, die nur eine einzige Frucht trug. Und dann kam das Erntedankfest.

Die Jahre davor hatte ich Äpfel und Nudeln, Konservendosen und was man sonst so daheim hat auf den Erntetisch gelegt. Und nichts hatte mir etwas bedeutet. Es war ein Bruchteil von dem Überfluss, etwas, das ich für ein paar Euro im Supermarkt gekauft hatte. Und jetzt stand ich da, mit meinem kleinen Kürbis in der Hand. Und das erste Mal legte ich etwas auf den Erntedank-Tisch, das mit etwas bedeutete. Etwas, das mir wichtig war, etwas, das mir schwer fiel zu geben.

Jedes Jahr an Erntedank denke ich an diesen kleinen Kürbis. Und er erinnert mich daran, dass ich nicht nur von meinem Überfluss geben will, von dem, was ich eh zu viel habe und nicht vermissen werde. Ich will Jesus etwas schenken, das mir was bedeutet. Weil er mir so viel mehr bedeutet.

Geschenktes Land

Ich stehe inmitten einer völlig verwilderten und heruntergewirtschafteten kleinen Gartenparzelle, mitten in einem schwäbischen Schrebergartenverein. Und mein Herz fließt über vor Glück. Wie lang hatte ich gebetet, gehofft, weil mein Herz fast geplatzt ist vor Sehnsucht nach so einem kleinen Stückchen Land. Wie viele Stunden habe ich geträumt und gerechnet, mich nach Grundstücken umgeschaut und unsere Finanzen überschlagen. Geweint, als die Absage kam. Und jetzt stehen wir da, auf dem Stückchen, das keiner wollte. Weil es seit Jahren vernachlässigt worden war. Wir sagten zu. Wo andere nur Chaos sehen, da sehe ich verheißungsvolles Land.

Dann krempeln wir die Ärmel hoch und legen los. Zwei Wochen vor der Geburt unseres zweiten Sohnes kann ich kaum noch laufen, aber ich knie im Dreck, hacke den Boden und bin ganz im Glück. Mein Stück Land. Hier sollen Früchte wachsen.

Ich träume von einem Garten, in dem wir mit anderen feiern können. Erntedank und Geburtstage und vor allem unseren Gott. Einem Garten für Lagerfeuer und gute Gespräche. Wo wir Stockbrot braten und Bier trinken und unser Herz teilen. Einem Garten, in dem wir Gemüse ernten und Äpfel sammeln, für Apfelkuchen und Saft. Wo wir lernen, dass Dinge Zeit brau-

chen, und Geduld einüben. Wo wir erfahren, dass alles seine Zeit hat. Wo wir das Geheimnis von Saat und Ernte erleben und vom Versorgtwerden. Einem Rückzugsort. Einer Laube, in der ich zur Ruhe komme, bete, lese und schreibe. Einem Garten, wo die Jungs im Matsch buddeln und die Natur erleben. Wo sie dreckig und wild und kreativ werden, Lägerle zimmern und unter den Sternen schlafen. Einem Ort zum Arbeiten und Ruhen, wo der Sommer nach Himbeeren schmeckt und ganz viel Jesus mittendrin.

Gelobtes Land. Gepachtet, geliehen. Wir sind keine Besitzer. Ursprünglich hatte ich darauf gehofft, einen Garten zu kaufen, ein Stück Land, das nur mir gehört. Jetzt bin ich nur Pächter, Verwalter. Aber nichtsdestotrotz machen wir uns an die Arbeit. Wir pflanzen und säen, reißen Unmengen an Unkraut raus, finden Beton an den seltsamsten Orten. Und auch wenn uns dieser Garten nicht gehört, dürfen wir ihn doch genießen, nutzen, bebauen und bewahren. Er verlangt uns einiges ab, aber dafür schenkt er uns vieles zurück. Manchmal möchte ich ihn ganz festhalten. Es fällt mir schwer, ihn zu teilen. Vielleicht hätte ich ihn deshalb lieber gekauft als gepachtet. Aber dann muss ich mich erinnern, dass es geschenkter, geliehener Boden ist. So wie aller Boden, alles Land, alle Schöpfung anvertraute Gabe ist. Langsam lerne ich, meine Hände zu öffnen.

Und gebe sie dem zurück, der der eigentliche Eigentümer des Landes ist.

Mein Gebet

Für den Apfel – ein Danke!
Für den Kürbis – ein Danke!
Für Kartoffeln – ein Danke! Denn alles Gute kommt von dir!

Für den Papa – ein Danke!
Für den Liam – ein Danke!
Für die Mama – ein Danke! Denn alles Gute kommt von dir!

Mit allen Sinnen

Selbstgemachtes Apfelmus!

Am meisten Spaß macht es, wenn ihr euer Apfelmus aus selbstgesammelten Äpfeln macht. Wenn ihr keinen Garten habt, dann fragt doch einfach bei Nachbarn oder Bekannten nach. Außerdem gibt es Internetadressen, wo Bäume eingetragen sind, bei denen man sich kostenlos bedienen kann. Oder vielleicht kennt ihr jemanden, dem eine Obststreuwiese gehört und der euch gerne eine Handvoll Äpfel sammeln lässt?

So geht's: Äpfel schälen und entkernen. Dann in einem Kopftopf bei reduzierter Hitze langsam einköcheln, bis die Äpfel völlig weich sind.

Mit einem Kartoffelstampfer oder einem Pürierstab zu Mus verarbeiten, je nach gewünschter Konsistenz.

Wer mag, kann zum Schluss mit Zucker, Zitronensaft und Zimt abschmecken.

Dann in sterile Gläser abfüllen (vorher mit heißem Wasser auswaschen).

Vielleicht habt ihr ja Lust, ein Glas Apfelmus auf den Erntedanktisch zu stellen oder eines weiterzuverschenken.

Reformationstag

Denn nur durch seine unverdiente Güte seid ihr vom Tod gerettet worden. Das ist geschehen, weil ihr an Jesus Christus glaubt. Es ist ein Geschenk Gottes und nicht euer eigenes Werk. Durch eigene Leistungen kann ein Mensch nichts dazu beitragen.
Epheser 2,8f

Worum geht es bei diesem Fest?

Wie bekomme ich einen gnädigen Gott? Mit dieser Frage hat der junge Mönch und Theologe Martin Luther sein Leben lang gerungen. Auch wenn wir heute keine Ablassbriefe mehr kennen und ganz selbstverständlich und ohne einen Vermittler mit Gott reden, so ist es vielleicht doch eine Frage, die sich manchmal auch in unserer Herz schleicht. Nicht wenige Menschen fragen sich am Ende ihres Lebens: „War es genug? Wird es reichen?" Manchmal verlieren wir unseren Job, unser Ehrenamt oder etwas, das wir für unsere Berufung gehalten haben, und stehen auf einmal vor Gott, ganz ohne etwas leisten zu können. Der Reformationstag kann in solchen Situationen eine gute Erinnerung an das sein, was wir doch schon längst wissen, aber manchmal nur so schwer glauben können: dass es eben nicht an uns hängt. Dass unsere Leistungen und unser Gutsein nichts zu unserer Rettung beitragen können. Dass wir uns Gottes Liebe nicht verdienen und uns Gnade nicht erarbeiten können. Dass wir nichts weiter tun können, weil Jesus bereits alles für uns getan hat.

Auch wenn der Reformationstag als Geburtsstunde der evangelischen Kirche gilt, so war es nie Luthers Anliegen, eine neue Kirche zu gründen. Er wollte die Missstände in der Kirche aufdecken und sie erneuern. Egal ob in einer traditionen Landeskirche, freien Gemeinde oder alternativen Kirchenform:

auch wir können diesen Tag als Anlass nehmen, davon zu träumen, wie wir uns Kirche vorstellen, und dann anfangen, Schritte in diese Richtung zu gehen.

Hintergrundinfo

Martin Luther wurde im Jahr 1483 in Eisleben geboren. Sein Vater ermöglichte ihm ein Studium an der Universität in Erfurt, mit dem Ziel, dass Martin Jurist wird. Im Juli 1505 kam es dann aber zu einem einschneidenden Erlebnis in Luthers Leben: Von einem Gewitter überrascht, versprach er in Todesangst, Mönch zu werden, sollte er dieses Gewitter überleben. Gegen den Willen seines Vaters trat er daraufhin in das Erfurter Augustinerkloster ein.

Er studierte eifrig, hielt die Regeln streng ein, beichtete täglich, quälte sich mit selbstauferlegter Kasteiung und pilgerte schließlich nach Rom. Trotzdem blieb die ständige Angst, vor Gott nicht bestehen zu können. Enttäuscht kam er nach Wittenberg zurück.

Dort kam es zu dem sogenannten Turmerlebnis. Während seiner Studien des Römerbriefes in seinem Turmzimmer stieß Luther auf die Worte in Römer 1,17 (Luther): „Der Gerechte wird aus Glauben leben." Da erkannte er, dass er nicht durch gute Taten, sondern allein durch seinen Glauben an Christus dem ewigen Gericht entkommen konnte.

1517 verfasste er 95 Thesen, in denen er Missstände in der Kirche, wie z. B. den Ablasshandel, kritisierte. Diese Thesen verschickte er am 31. Oktober 1517 an den zuständigen Bischof sowie eine Reihe von Freunden und schlug sie laut manchen Überlieferungen auch an das Tor der Wittenberger Schlosskirche. Das war der Anfang der Reformation.

Aufgrund dieser Thesen kam es zum Streit mit dem Papst. Beim Reichstag zu Worms wurde die Reichsacht über Luther verhängt, woraufhin der Kurfürst Friedrich der Weise eine Entführung Luthers vortäuschte, um ihm auf der Wartburg in Sicherheit zu bringen. Dort übersetzte Luther das Neue Testament ins Deutsche.

Gut zu wissen

Ablasshandel

Ein Ablassbrief war ein kirchliches Dokument, das Gläubige kaufen konnten, um sich die Vergebung bestimmter Sünden zu sichern. Der Ablassbrief bestätigte dem Empfänger, dass ihm ein Teil seiner Sünden vergeben sei, was die Zeit im Fegefeuer verkürze. Ganz nach dem Motto: „Wenn das Geld im Kasten klingt, die Seele aus dem Fegefeuer springt."

Mit dem Geld der Ablassbriefe wurde dann beispielsweise der Bau von Kirchen finanziert.

Die vier Soli

Die Kerngedanken der Reformation und der Theologie Luthers wurden in den vier „Soli" zusammengefasst.

Sola fide – allein aus Glauben, nicht aus Werken werden wir gerettet.

Sola gratia – allein aus Gnade ohne Gegenleistung, ohne dass wir etwas tun oder es uns verdienen könnten, nimmt uns Gott an.

Solus Christus – allein Jesus Christus, nicht die Kirche, nicht der Papst, nicht Maria oder andere Heilige sind die Mittler zwischen uns und Gott.

Sola scriptura – allein die Bibel, nicht die kirchlichen Traditionen oder die Auslegung irgendwelche Kirchenlehrer sind die Autorität unseres Glaubens.

Bräuche und Traditionen

Festgottesdienst

Am Reformationstag gibt es fast in jeder evangelischen Kirche einen feierlichen Gottesdienst, bei dem Luthers Rechtfertigungslehre im Mittelpunkt steht. In den letzten Jahren gab es auch immer mehr Reformationsgottesdienste speziell für Jugendliche, z. B. die Churchnight der evangelischen Landeskirche in Baden-Württemberg.

Reformationsbrötchen

Besonders in Sachsen und Sachsen-Anhalt sind die sogenannten Reformationsbrötchen beliebt: ein süßes Hefegebäck, das mit einem roten Klecks Marmelade in der Mitte und den umgeschlagenen Ecken an Luthers Familienwappen, die Lutherrose, erinnern soll.

Wie feiern wir den Reformationstag?

Bis jetzt haben wir den Reformationstag noch nicht gefeiert. Unsere Kinder sind noch relativ jung und in ihrem Kinderglauben ist es völlig selbstverständlich, dass sie einfach so, ohne etwas zu tun oder leisten zu müssen, zu ihrem Gott kommen dürfen.

Wenn unsere Kinder älter werden, wird am Reformationstag wieder unsere Feierkiste vor der Tür stehen. Darin liegen ein paar Gegenstände, die uns helfen, in die Geschichte der Reformation einzutauchen:

- eine Figur oder ein Bild von Martin Luther;
- ein Schriftzug mit den Worten: „Wie bekomme ich einen gnädigen Gott?" (einen Gott, der mich lieb hat, der nicht böse auf mich ist);
- ein Ablassbrief – entweder ein Orginal, aus dem Internet ausgedruckt, oder ein erfundener, der mehr Bezug zur Welt der Kinder hat;
- außerdem noch ein großes Brett (an das ihr später etwas drannageln könnt) und die vier Soli (auf dicker Pappe oder Holz), ein Hammer und Nägel

Gemeinsam nehmen wir nacheinander die Gegenstände aus der Kiste und erzählen damit die Geschichte von Martin Luther und der Reformation. Wir sprechen mit den Kindern darüber, wie man einen Gott bekommt, der trotz unserer Fehler nicht böse auf uns ist. Nachdem sie ihre Vorschläge teilen durften, erzählen wir vom Ablassbrief – wie die Menschen durch gute Taten und das Bezahlen von Geld gut vor Gott darstehen wollten. Und wir erinnern uns gegenseitig daran, dass der Preis für unsere Schuld so hoch ist, dass wir ihn niemals hätten bezahlen können, und denken an Jesus, der das für uns getan hat.

Als kleines Highlight nageln wir danach die vier Soli an das Holzbrett, als Erinnerung an den Thesenanschlag und den Beginn der Reformation.

Zum Nach- und Weiterdenken

Ich träume von einer Kirche ...

Ich träume von einer Kirche, in der jeder willkommen ist. Die bunt und laut und manchmal ein bisschen chaotisch ist. In die man kommen darf, genau so, wie man ist. In rosa glitzernden Tüllröckchen und löchrigen Jogginghosen.

Ich träume von einer Kirche, die nach Apfelkuchen riecht und einen Boden voller Krümel hat. Weil hier zusammen gegessen und gelebt wird.

Ich träume von einer Kirche, in der man aufatmen kann und den Bauch nicht einziehen muss. Eine Kirche, in der wir uns so zeigen dürfen, wie wir sind. Mit all unseren Fehlern, Schwächen und manchmal auch der Dunkelheit in uns.

Einer Kirche, wo man Fehler machen darf und wo Brot, Wein und Vergebung auf uns warten.

Ich träume von einer Kirche, in der wir zusammen weinen und trauern und Gott anklagen können. In der man wütend und enttäuscht sein darf. Wo ganz viel Platz für Fragen, Zweifel und Jesus ist.

Einer Kirche, in der wir gemeinsam die kleinen Siege und die großen Feste feiern.

Ich träume von einer Kirche, in der wir lernen, einander willkommen zu heißen, und wissen dürfen, dass auch wir willkommen sind. Einer Kirche, in der wir daran glauben, dass Jesus den Schwachen, den Gebrochenen, den Kindern und den Einsamen ganz besonders nahe ist.

Ich träume von einer Kirche, wo wir Jesus suchen und uns anfeuern, ihm im Alltag nachzufolgen. Einer Kirche, in der wir entdecken, dass er längst da ist.

Und vielleicht ist es an der Zeit, aufzuhören zu träumen und einfach loszugehen.

Luthers Traum von Kirche

Ich träume von einer Kirche, in der die Menschen keine Angst mehr vor der Hölle oder dem Fegefeuer haben.

Einer Kirche, in der der Glaube und das Vertrauen an Gott wächst.

Ich träume von einer Kirche, die sich nicht durch Ablassbriefe an der Angst der Menschen bereichert. Einer Kirche, in der man die Vergebung der Sünden zugesprochen bekommt und nicht erkaufen muss.

Ich träume von einer Kirche, die Buße tut – wirkliche, innerlicher Buße, die sich im Leben der Menschen zeigt und sich nicht hinter äußerlichen Handlungen versteckt.

Ich träume von einer Kirche, in der die Menschen die Bibel in ihrer Sprache lesen und verstehen können.

Von einer Kirche, in der das Wort Gottes und nicht der Ablass gepredigt wird.

Einer Kirche, in der es keinen Stellvertreter zwischen den Gläubigen und Gott gibt und wir durch Jesus Christus direkt zu ihm kommen dürfen. Einer Kirche, in der wir das Priestertum aller Gläubigen leben.

Ich träume von einer Kirche, deren Mittelpunkt das Evangelium von Jesus Christus ist, in der wir uns gegenseitig ermutigen, Christus nachzufolgen, und uns nicht durch Ablassbriefe falsche geistliche Sicherheit erkaufen.

(inspriert von den 95 Thesen)

Mein Gebet

Gott, wenn Ängste und Sorgen mir einreden wollen, dass das, was ich tue, niemals genug ist, dann lass mich dein Flüstern hören – sola fide, allein aus Glauben. Und schenk mir ein Herz, das das glauben kann.

Wenn sich andere Dinge in den Vordergrund drängen, sich groß und wichtig machen wollen, dann erinnere mich daran: solus Christus – allein Christus ist es, der der zählt.

Wenn ich traurig und orientierungslos bin, dann lass meinen Blick auf meine kleine, zerfledderte Bibel fallen. Erinnere mich daran: sola scriptura – und schenke mir Worte, die mir Glauben schenken und in denen ich dir begegne.

Wenn ich mich mal wieder verliere, in all den kleinen und großen Dingen, die ich für dich tun will, dann rufe mir ganz laut zu: sola gratia – allein aus Gnade, ohne Gegenleistung, bin ich für dich genug.

Mit allen Sinnen

Reformationsbrötchen

- 500 g Mehl
- 1 Würfel Hefe
- 20 g Zucker
- 250 ml Milch
- 50 g Butter, zimmerwarm
- 50 g Mandeln oder Haselnüsse, gehackt
- 1 Prise Salz

Alles zu einem Hefeteig vermischen und ca. 1 Stunde gehen lassen, bis sich der Teig verdoppelt hat.

Dann kleine Kugeln formen und von der Mitte aus fünfmal einschneiden. Die Ecken etwas nach außen ziehen, damit eine Blumenform entsteht.

Anschließend einen Kleks rote Marmelade in die Mitte geben und bei 180 Grad (Ober-/Unterhitze) 15-20 Minuten backen.

Die Brötchen sollen an das Familienwappen Luthers, die Lutherrose, erinnern.

Während die Brötchen im Ofen backen, könnt ihr im Internet nach einer Malvorlage für die Rose suchen und sie ausmalen. So verkürzt sich die Wartezeit!

etwas Großes
eine Mama
Wunder“

ALLERHEILIGEN

Es wären noch viele andere zu nennen. Nur würde die Zeit wohl nicht ausreichen, wollte ich sie alle aufzählen. Weil sie Gott vertrauten, konnte er Großes durch sie tun. Sie alle haben Gott vertraut, deshalb hat er sie als Vorbilder für uns hingestellt.
Hebräer 11,32.39

Worum geht es bei diesem Fest?

Wir sind umringt von Glaubensvorbildern. Frauen und Männer, die erlebt haben, was es heißt, zu glauben. Die ein Stück vorausgegangen sind. Die ihren Weg gefunden haben. Menschen, von denen wir in der Bibel und der alten und neuen Kirchengeschichte lesen können. Und dann sind da noch die heimlichen, stillen Helden. Die, von denen keiner weiß oder die schnell vergessen wurden. Die ihren Glauben eher unspektakulär, aber treu gelebt haben. Die, die ihren Weg nicht in die Geschichtsbücher, dafür aber direkt ins Herz Gottes gefunden haben. Was diese Geschichten so wertvoll macht, ist nicht, dass sie ein „heiliges", sündloses Leben geführt hätten. Nicht, dass sie keine Fehler gemacht oder gezweifelt hätten. Sondern zu sehen, wie sie dennoch geglaubt haben. Gegen alle Widerstände oder eigenes Versagen. Wie Gnade nicht nur eine Theorie bleibt, sondern im Leben eines Menschen sichtbar wird. Deshalb passt es eigentlich ganz gut, dass wir Allerheiligen einen Tag nach dem Reformationstag feiern. Allein durch Gnade.

Wir sind umringt von Glaubensvorbildern, deren Leben uns anfeuern, mutiger zu glauben, bedingungsloser zu lieben und trotziger zu hoffen.

Hintergrundinfo

Allerheiligen ist ein katholischer Feiertag, bei dem der bekannten und unbekannten Heiligen gedacht wird. Das evangelische Verständnis von Heiligen unterscheidet sich grundlegend von dem der katholischen Kirche. Während in der katholischen Theologie die Heiligen eine große Rolle als Vermittler und Fürsprecher einnehmen, sieht die evangelische Kirche sie lediglich als Glaubensvorbilder.

Bräuche und Traditionen

Durch die Abgrenzung zur römisch-katholischen und orthodoxen Tradition und deren Heiligenverehrung haben sich keine evangelischen Traditionen und Bräuche entwickelt. Das heißt aber nicht, dass wir diesen Tag übergehen oder vergessen sollten. Hier heißt es kreativ zu sein und eigene Traditionen zu entwickeln.

Gut zu wissen

Es ist kein Zufall, dass Halloween einen Tag vor Allerheiligen gefeiert wird. Wusstest du, dass Halloween übersetzt „Allerheiligen-Vorabend" *(„All Hallows eve")* bedeutet? Ursprünglich wurde Allerheiligen im Sommer nach dem Pfingstfest gefeiert, dann aber auf den November verschoben, um eine christliche Entsprechung zum keltischen Jahreswechsel zu bilden. Die Kelten glaubten, dass in dieser Nacht der Übergang zwischen der Welt der Lebenden und der Toten sehr dünn war und die Verstorbenen unsere Welt besuchen konnten. Mit gruseligen Fratzen sollten die Geister vertrieben werden.

Wie feiern wir Allerheiligen?

Die Feierkiste steht vor der Tür. Jedes Jahr finden wir darin eine Packung Popcornmais und eine neue Biografie (als Buch, Hörbuch oder Film) einer Person, die uns inspiriert, mutig zu glauben. Je nach Alter gibt es passende Personen und Aufmachungen. Es können Menschen der Bibel und der Kirchengeschichte oder Lebensberichte von heute sein.

Wir machen es uns gemütlich mit heißen Getränken und Bergen voller Decken und tauchen ein in die Abenteuer dieser Menschen. Nach ein paar Jahren entdecken wir, wie vielfältig diese Personen, ihre Charaktere und Geschichten waren: Männer und Frauen, Junge und Alte, Gebildete und Einfache, Laute und Leise.

Und fast noch mehr als die großen Geschichten liebe ich die kleinen, alltäglichen Glaubensvorbilder in unserem Leben. Vielleicht findet sich an diesem Tag die Gelegenheit, uns gegenseitig unsere Geschichte mit Jesus zu erzählen oder einen besonderen Gast einzuladen, der bei Kaffee und Kuchen sein Lebensabenteuer mit uns teilt.

Zum Nach- und Weiterdenken

Go! Go! Go!

Schweiß tropft von meiner Stirn, meine Oberschenkel brennen wie Feuer. Mein Körper hat sich noch nicht entschieden, ob er weinen, zusammenbrechen oder kotzen möchte.

„Komm, komm, komm, ihr schafft das“, ruft meine Freundin. „Nur noch eine Minute. 50 Stück. Die Hälfte ist geschafft! Durchhalten! Weitermachen! Nur noch 20, haltet durch!“

Und tatsächlich. Eine Minute später breche ich glücklich zusammen. 100 Kniebeugen geschafft. Das große Ziel. Das, was ich nie für möglich gehalten hätte.

„Go! Go! Go!", schreie ich dem Großen hinterher. „Jetzt Gas geben! Du schaffst es!" Vor uns liegt der steilste Berg auf der Strecke. „Nur bis zur Bushaltestelle. Komm schon, noch ein kleines Stück, dann kommt das Schild. Du schaffst das! Du bist fast da! Jetzt nur nicht aufgeben! Komm, ich zähl mit dir! Nur noch 5,4,3,2,1 …"

Geschafft! Stolz hält er sich an der Ampelstange fest. Er, der Fahrradbergbezwinger.

Du bist nicht alleine. Da ist jemand, der an dich glaubt. Der dich anfeuert, nicht aufzugeben. Die letzten Kraftreserven zusammenzukratzen, alles aus dir rauszuholen. Kein Wunder, dass wir dann zu Höchstleistungen fähig werden, über unsere Grenzen hinauswachsen. Denn wir wissen: Da steht jemand, der glaubt an mich, wir kämpfen nicht nur für uns selbst, wir kämpfen nicht allein!

Helden am Wegesrand

Ich dachte, ich muss wie David sein. – Mit der Schleuder in der Hand die Riesen töten.

Ich dachte, ich muss wie Noah sein. – Glauben gegen alle Vernunft.

Ich dachte, ich muss wie Mose sein. – Führen aus Gefangenschaft mitten durchs Meer.

Wie Esther und Ruth, Mose, Aaron, Miriam, Josef, Daniel und Paulus, …

Ich dachte ich muss … sein wie sie alle. Ihre besten Seiten, ohne die Fehler und Zweifel dahinter.

Und sie bäumen sich vor mir auf, ein riesiger Berg voller Ansprüche. Ein Ideal, das mich klein werden lässt, dem ich niemals genüge. Das mir Angst macht und mich lähmt.

Aber ich habe ihre Geschichten falsch gelesen, ihre Stimmen nicht gehört.
Sie sind nicht das Ziel, das ich erreichen muss, nein, sie sind meine Unterstützer.

Sie stehen links und rechts an meiner Seite. Sie können nicht für mich glauben oder laufen, aber unermüdlich rufen sie mir zu: „Lauf! Du schaffst das! Lauf!"

„Gib nicht auf!", rufen sie. Und so laufe ich den Lauf, den einen, der zählt.

Und wenn ich falle, stehen sie da und Petrus ruft: „Steh auf und geh weiter! Du denkst, du bist gefallen? Schau, was ich getan habe! Steh auf und lauf, lauf weiter!"

Und wenn der Weg aussieht, als ob er nicht enden will, dann stehen sie da. Sarah und Abraham, Hand in Hand, und sie lächeln und rufen: „Hab nur Geduld. Geh langsam weiter, aber geh!"

Und wenn ich denke, ich hätte mich verlaufen, dann stehen sie da und Hagar ruft: „Er hat mich gesehen, er sieht auch dich. Geh weiter, er findet dich!"

Und wenn sie mir sagen, ich sei auf dem falschen Weg, das gehöre sich nicht, dann stehen da Jaël und Maria und zwinkern mir zu und ich weiß, das heißt: „Sei nicht nett, sondern geh!"

Und wenn ich zweifle und nicht mehr weiß, ob der Weg richtig ist, dann stehen sie da und Thomas sagt: „Er hält auch deine Zweifel aus."

Und wenn ich durchs dunkle Todestal gehe und nicht weiß, ob ich lebend wieder rauskomme, stehen sie da und Hiobs Blick sagt: „Halte durch, das ist nicht das Ende!"

Josef und Simeon, Hanna und Ester, Ruth und Timotheus, alle stehen sie da. Und je länger ich hinschaue, desto mehr Gesichter tauchen auf. Ich kenne sie aus alten Büchern und neuen Geschichten, von Liedern und Gedichten, und einige sitzen am Sonntag neben mir.

Ja, ich glaube, sie alle sind da und sie jubeln und rufen und feuern mich an. „Geh weiter! Lauf! Fang heute neu zu vertrauen an."

Mein Gebet

Jesus, lass uns zu Menschen werden, die sich gegenseitig anfeuern.
Die einander ein Stückchen den Rucksack tragen,
wenn er zu schwer wird.
Die Kekse, Brot und Wein teilen, um sich gegenseitig zu stärken.
Nimm uns die Angst davor, uns schweigend ein paar
Schritte durchs dunkle Tal zu begleiten.
Lass uns Menschen werden, die im Regen tanzen und
weinen können und einander auf all die großen und
kleinen Wunder am Wegrand hinweisen.
Die auch Umwege mitgehen und die besten Rastplätze kennen.

Lass uns Menschen sein, die einander anfeuern,
wenn der Berg steil und der Weg voller Steine und Geröll ist.

Und die gemeinsam die Aussicht feiern, wenn der Berg bezwungen ist.
Die an sonnigen Tagen die Strecke noch ein bisschen schöner machen.
Mit ihrem Lachen, ihrem Singen und ihren Geschichten.
Die Füße verbinden und Wunden versorgen, wenn jemand gefallen ist.
Die voller Ausdauer sind, wenn der Weg lang und das Wetter grau ist.
Jesus, lass uns zu Menschen werden, die einander helfen,
den Weg zu finden – dir hinterher.

Mit allen Sinnen

Popcorn (für vier Personen)

Allerheiligen schmeckt nach Popcorn! Nicht nur, weil wir die Geschichten unserer Glaubenshelden gerne auf DVD schauen und Snacks zu einem guten Filmabend gehören. Wenn wir nahe am Topf stehen und ganz leise sind, dann hört sich das Aufpoppen der Maiskörner fast wie ein leises „Go! Go! Go!" an, mit dem uns dieser Tag anfeuern soll.

So geht's:

- 50 g Popcornmais
- 3-4 EL Rapsöl

Öl erhitzen, den Mais dazufügen und den Deckel schließen. Jetzt ganz leise sein und das Ploppen hören!
Evtl. einmal kurz umrühren und alles in eine Schüssel füllen.
Für salziges Popcorn kann man 1 TL Salz in das Öl mischen.
Für süßes Karamell-Popcorn in einem Topf 2 EL Butter und 2 EL Zucker karamellisieren und mit dem Popcorn mischen.

SANKT MARTIN UND DIE LATERNEN

**Was ihr für einen meiner geringsten Brüder
oder für eine meiner geringsten Schwestern getan habt,
das habt ihr für mich getan!**
Matthäus 25,40

**Ihr seid das Licht der Welt.
So lasst euer Licht leuchten vor den Leuten,
damit sie eure guten Werke sehen und
euren Vater im Himmel preisen.**
Matthäus 5,14.16; Luther

Worum geht es bei diesem Fest?

Mitten im November feiern wir Sankt Martin. Das Laub ist längst von den Bäumen gefallen und leuchtet nicht mehr in bunten Farben, sondern klebt nass und verwelkt an unseren Stiefeln. Es ist dunkel, wenn wir morgens aus dem Haus gehen, und oft auch, wenn wir abends wieder nach Hause kommen. Es ist eisig kalt. Das Jahr neigt sich dem Ende zu. Es ist die Zeit, in der ich anfange, wie eine Besessene Kerzen anzuzünden. Damit es ein bisschen heller wird.

Während Advent uns davon erzählt, dass Jesus als Licht in diese Welt kam, erinnert uns Sankt Martin daran, dass Jesus zu seinen Freunden sagt: „Ihr seid das Licht der Welt! Ihr seid die, die Licht in die Dunkelheit bringen sollen." Sankt Martin stand einem Bettler gegenüber, dessen Not ganz offensichtlich war: Er fror – und Martin teilte seinen Mantel. Welcher Not stehe ich gegenüber? Einsamkeit? Verzweiflung? Innere Kälte? Wie begegne ich dieser Not? Am allerbesten gefällt mir der Schluss der Martinsgeschichte. Der Bettler begegnet Martin nochmal in einem Traum. Er gibt sich als Jesus Christus zu erkennen und dankt Martin für den Mantel. Jesus sagt einmal: „Was ihr für einen meiner geringsten Brüder oder für eine meiner geringsten Schwestern getan habt, das habt ihr für mich getan!" (Matthäus 25,40). Er sagt nicht: „Es ist genauso viel wert, als wenn ihr es für mich getan hättet", sondern: „Ihr habt es für mich getan." Während es bei den meisten Festen darum geht, was Jesus für uns getan hat, erinnert uns dieses Fest daran, was wir für ihn tun können: der Not des Nächsten begegnen und teilen, was wir haben. Und dann passiert etwas Erstaunliches, denn wenn wir der Not unseres Gegenübers begegnen, dann begegnen wir auch Jesus.

Hintergrundinfo

Martin war ein römischer Soldat, der um das Jahr 300 n. Chr. geboren wurde. Der Legende nach ritt er an einem kalten Wintertag an einem Bettler vorbei. Der hungrige und frierende Mann tat Martin so leid, dass er sein Schwert nahm und seinen Mantel in der Mitte teilte. Er gab dem Bettler eine Hälfte seines warmen Mantels. In dieser Nacht erschien der Bettler in Martins Traum und gab sich als Jesus Christus zu erkennen.

Bräuche und Traditionen

Die Martinsgans

Nach diesem Erlebnis wurde Martin Christ und ließ sich taufen. Die Menschen mochten ihn sehr und wollten ihn zum Bischof machen. Es wird erzählt, dass Martin sich dafür aber nicht gut genug fühlte und sich in einem Gänsestall versteckte. Die Vögel schnatterten laut und verrieten ihn und so wurde er doch zum Bischof geweiht. An diese Geschichte erinnern wir uns, wenn wir zu Sankt Martin eine Martinsgans zubereiten.

Laternenumzüge und Martinsfeuer

Wann und wie die Laternenumzüge entstanden sind, weiß man nicht genau. Wahrscheinlich war es eine Vermischung des Brauchs, zum Abschied vom Erntejahr ein großes Feuer zu errichten, und des Brauchs, bei einem großen Feuer symbolisch den Sommer zu verbrennen. Später entzündeten Kinder an dem großen Feuer ihre selbstgebastelten Fackeln und zogen damit durch die Straßen – die ersten Laternen. Heute erinnern uns das große Martinsfeuer und die Laternen daran, dass ein Akt der Nächstenliebe wie ein helles Licht in einer dunklen Welt scheinen kann.

Martinsweck

Der Martinsweck besteht aus Hefeteig und wird meist nach dem Martinszug verteilt. Ursprünglich stellte er einen Bischof mit seinem Bischofsstab dar. Später wurde aus dem Stab eine Gipspfeife.

Gut zu wissen

Früher wurde in der Adventszeit gefastet. Sankt Martin war also die letzte Möglichkeit, nochmal so richtig zu schlemmen.

Wie feiern wir Sankt Martin?

Ein paar Tage vor Sankt Martin steht mal wieder unsere Feierkiste vor der Tür. Darin enthalten sind Materialien, um eine Laterne oder ein anderes buntes Licht zu gestalten, und Figuren oder Verkleidung für die Kinder (Mantel und Holzschwert), mit denen man die Geschichte nachspielen kann. Außerdem finden wir darin den Liedtext von „Sankt Martin“ und ein altersgerechtes Buch, das die Geschichte von Sankt Martin erzählt.

Zur Vorbereitung des Fests könnt ihr eine Laterne basteln – außer die Kinder basteln sie schon im Kindergarten oder in der Schule. Dann könnt ihr euch entweder die Mühe sparen oder ein buntes Glas gestalten. Wenn es dunkel wird, könnt ihr euch im Wohnzimmer treffen. Unsere Kinder konnten den Laternenumzug nie erwarten und so sind wir die Tage vorher schon ein paar Mal im Wohnzimmer Probe gelaufen.

Immer mal wieder lesen wir die Geschichte von Sankt Martin vor und wenn wir das Martinslied anhören oder singen, macht es Spaß, die Geschichte mit Figuren oder Verkleidung nachzuspielen.

An Sankt Martin backen wir zusammen kleine Weckmänner, außer in stressigen Jahren, da kaufen wir sie beim Bäcker und erklären, dass sie kleine Sankt-Martins-Bischöfe darstellen sollen.

Sobald es dunkel wird, ziehen wir mit unseren Laternen los und singen Laternenlieder.

Wer die Möglichkeit hat (z. B. durch einen Garten direkt am Haus), kann in einer Feuerschale ein Martinsfeuer anzünden. Hier ist der perfekte Ort, um halb durchgefroren warmen Punsch zu trinken, die Weckmänner zu verputzen und dabei nochmal die Martinsgeschichte zu hören. Oft werden solche Umzüge auch von den Kindergärten oder Kirchen veranstaltet. Dann schließt euch dort an, denn mit anderen zusammen ist es noch viel schöner.

Da das Zubereiten der Martinsgans mit etwas mehr Aufwand verbunden ist, lohnt es sich, hier einen Tag zu nehmen, an dem man etwas mehr Zeit hat. Wir machen das gerne als Festessen am Sonntag nach Sankt Martin.

Zum Nach- und Weiterdenken

Kleine Laternen in dunkler Nacht

Kleine, halb durchgefrorene Kinderhände halten sich tapfer am Stab ihrer Laterne fest.

Voller Stolz ziehen sie durch die Straßen und wir singen gemeinsam: „Ich geh mit meiner Laterne und meine Laterne mit mir." Eine Prozession kleiner, bunter Lichter an einem eisig kalten Novemberabend. Auf einem großen Platz treffen sich alle. Ein Kreis voller bunter Lichter. Alle Augen sind auf den Mann gerichtet, der in der Mitte des großen Kreises auf einem Pferd sitzt. Er trägt mittelalterliche Kleidung, dann steigt er von seinem Pferd, teilt den Mantel und gibt ihn dem Mann, der nur mit ein paar Lumpen bekleidet ist. Das Sankt-Martins-Spiel hat die Kinder voll gefesselt.

Doch meine Augen können sich nicht losreißen von dem bunten Lichtermeer aus kleinen und großen Laternen. Jede Laterne leuchtet anders als die neben ihr. In allen Formen und Farben. Hier gibt es Dinosaurier, Katzen, Einhörner, Monde, bemalte und bestempelte Laternen, mit Blättern oder Sternen verziert. Einige schon verbeult und mit Rissen. Dank LED-Leuchten noch keine abgebrannt.

Dieses Bild hat sich in meinen Kopf eingebrannt und ich hoffe, dass ich es nie wieder vergesse. In einer Nacht voller Finsternis tragen kleine Kinderhände ein Licht, das ohne Weiteres jede Dunkelheit zerreißt. Unbeholfen. Schwach. Manchmal wird die Laterne fallengelassen oder schleift auf dem Boden. Nichtsdestotrotz tragen sie das Licht, vor dem Finsternis und Dunkelheit keine Chance haben. Jede Laterne, jedes Licht, und mag es noch so klein oder verschrammt sein, durchbricht das Dunkel. Ist das nicht bemerkenswert?

Denn wahrscheinlich kommt es nicht so sehr auf den an, der das Licht trägt. Sondern auf das Licht selbst. Ich glaube, wenn Jesus heute leben würde, würde er sagen: „Ihr seid die Laternenträger dieser Welt. Und ich bin euer Licht. Es ist egal, wie klein oder schwach du dir vorkommst, wie kalt und zitternd deine Hände sind, wenn du kommst, zerbricht die Dunkelheit. Denn in dir brennt mein Licht."

Laternen – sie leuchten in hundert bunten Formen und Farben. Jede anders als die anderen. Und obwohl jede Laterne unterschiedlich aussieht, brennt in ihnen doch dasselbe Licht. Sie ziehen gemeinsam durch die Straßen, sammeln sich vor dem Feuer, bevor sie wieder den Weg nach Hause finden. Denn genau dafür sind sie gemacht. Nicht, um in unseren Kellern aufgehoben oder in unseren Fluren bestaunt zu werden. Laternen müssen durch die Straßen getragen und in die Fenster gehängt werden, auch wenn es dort draußen ganz schön kalt und ungemütlich ist. Laternen sind dafür gemacht, das Licht in die Dunkelheit zu tragen und unsere Straßen ein bisschen heller zu machen.

Jedes Jahr um diese Zeit will ich mich dick anziehen und mein Licht durch kalte Straßen tragen. Denn es erinnert mich daran, wer ich bin und was ich bin – Lichtträger in einer dunklen Welt.

Irgendwann – da werde ich teilen

Irgendwann, da werde ich teilen.
Irgendwann, wenn ich genug habe und es nicht mehr so knapp ist.
Wenn ich fest verdiene, mein erstes Gehalt bekomme,
das Haus abbezahlt ist.
Irgendwann, von dem, was übrig ist.
Den Kuchen am Ende der Feier, die Schuhe,
die ich nicht mehr brauche, das, was am Ende
vom Monat noch übrig ist.
Irgendwann, wenn die Schulden beglichen sind.
Irgendwann, wenn ich genug zum Geben habe.
Dann kann ich deiner Not begegnen.

Da sehe ich die Witwe mit ihrem Scherflein.
Die alles gibt, was sie hat.
Wie reich muss sie sein, um so geben zu können!
Nicht von dem Übrigen, nicht von dem Überfluss,
sondern alles, was sie hat.

Reich an Vertrauen und Güte und einem Herzen,
das den anderen sieht.
Und vielleicht wird beim Teilen aus „niemals genug“ mehr,
als man denkt.

Mein Gebet

Sankt Martin
Dass da einer ist, der mich sieht. Der anhält.
Und seinen Mantel um mich legt.
Das ist heute mein Gebet.
Hanna Buiting[7]

Mit allen Sinnen

Liedtext: Sankt Martin (traditionell überliefert)

Sankt Martin, Sankt Martin, Sankt Martin
ritt durch Schnee und Wind,
sein Ross, das trug ihn fort geschwind.
Sankt Martin ritt mit leichtem Mut,
sein Mantel deckt ihn warm und gut.

Im Schnee saß, im Schnee saß, im Schnee
da saß ein armer Mann,
hatt' Kleider nicht, hatt' Lumpen an.
„O helft mir doch in meiner Not,
sonst ist der bittre Frost mein Tod!“

---

7 Hanna Buiting, 11. November – Sankt Martin, in: dies., Möge die Nacht mit dir sein. Geschichten, Gedanken und Gebete für alle Nächte. Ein Jahresbegleiter. © 2020 Neukirchener Verlagsgesellschaft mbH, Neukirchen-Vluyn, 2. Auflage 2021.

Sankt Martin, Sankt Martin, Sankt Martin
zog die Zügel an,
sein Ross stand still beim armen Mann,
Sankt Martin mit dem Schwerte teilt
den warmen Mantel unverweilt.

Sankt Martin, Sankt Martin, Sankt Martin
gab den halben still,
der Bettler rasch ihm danken will.
Sankt Martin aber ritt in Eil'
hinweg mit seinem Mantelteil.

Sankt Martin, Sankt Martin, Sankt Martin
legt sich still zur Ruh,
da tritt im Traum der Herr hinzu.
Der spricht: „Hab Dank, du Reitersmann,
für das, was du an mir getan."

Rezept Martinsweck

- 1 Würfel Hefe
- 250 ml Milch (lauwarm)
- 1 EL Zucker

gut verrühren

- 500 g Mehl
- 120 g Butter
- 1 Ei
- 1 Prise Salz

zusammenrühren. Den Teig gehen lassen, bis er sich verdoppelt hat (ca. 1 Stunde). Den Teig zu kleinen Weckmännern formen (s. Bild) und nochmal 10 Minuten gehen lassen. Anschließend mit einem Ei bestreichen, mit Rosinen verzieren und für 12-15 Minuten bei 180 Grad in den Backofen.

BUSS- UND BETTAG

So wird auch im Himmel Freude herrschen über einen Sünder, der zu Gott umkehrt – mehr als über neunundneunzig andere, die nach Gottes Willen leben und es deshalb gar nicht nötig haben, zu ihm umzukehren.
Lukas 15,7

Worum geht es bei diesem Fest?

Buße, das klingt nach Schwere, Strafe, Gericht. Kein Wunder also, dass dieser Feiertag nicht unbedingt zu den populärsten gehört.

Doch eigentlich ist Buße ein sehr lebensbejahender Vorgang. Das hebräische Wort für Buße bedeutet übersetzt „Umkehr". Ein Mensch, der sich von Gott abgewandt hat und von ihm wegläuft, dreht sich um und sucht den Weg zurück nach Hause. Es gibt kein schöneres Bild dafür als die Geschichte vom verlorenen Sohn (Lukas 15,11ff.). Der Sohn, der zwischen den Schweinen im Dreck sitzt, macht sich auf den Weg nach Hause. Wo er schon längst erwartet und in die Arme geschlossen wird. Und wie passend sind die zwei Geschichten, die Lukas davor berichtet: von einem Groschen und einem Schaf, die verloren gehen und gefunden werden. Und dieses Geheimnis finden wir auch in der Buße. Umkehren und gefunden werden. Manchmal laufen wir den Weg zurück, aber manchmal werden wir auch gefunden und nach Hause zurückgetragen. Und meistens beides gleichzeitig.

Es geht bei Buße also nicht um das Abbüßen oder Abbezahlen einer Strafe, es ist weniger ein moralischer als vielmehr ein Beziehungsbegriff. Die Antwort auf Gottes Ruf: „Komm nach Hause!" – das ist Buße. Und zu Hause warten keine Strafen und keine Moralpredigt, sondern ein Vater, der uns fest in den Arm nimmt und sagt: „Endlich! Endlich bist du da!"

Früher wurde die Buße oft von äußeren, symbolischen Handlungen begleitet, im Alten Testament zum Beispiel von Fasten, Beten, dem Tragen grober Gewänder oder dem Bestreuen des Kopfes mit Asche. Aber eben nicht als Strafe, sondern als äußerer Ausdruck einer inneren Haltung der Reue.

Und dann ist da ja noch der Bettag. Was für eine Fülle an Möglichkeiten zu beten gibt es! Beten heißt, wir reden mit Gott. Manchmal ganz leise, manchmal schreiend. Lobend, bittend, wütend. So vielfältig wie das Leben. Uralte Rituale und ganz neue Worte, manchmal nur ein stummer Schrei, manchmal betet unser Körper, unsere Hände. Immer mit dem einen Ziel: mit dem zu reden, der da ist und auf uns wartet.

Hintergrundinfo

Der Buß- und Bettag ist einer von drei großen Bußtagen im Kirchenjahr (neben Aschermittwoch und Karfreitag). Die Entwicklung des Buß- und Bettages ist ziemlich interessant. Mit der Reformation stand die evangelische Kirche den kirchlichen Bußfesten sehr kritisch gegenüber, da sie als Werk angesehen wurden, mit dem man sich Gottes Wohlwollen verdienen wollte. In den evangelischen und reformierten Kirchen gab es dennoch immer wieder Buß- und Bettage, die von der Obrigkeit, also dem Kaiser oder den Landesfürsten angeordnet wurden (die zu dieser Zeit sowohl politische als auch geistliche Machthaber waren). Dies geschah oft aus aktuellen Notlagen wie einem Krieg oder einer unmittelbaren Bedrohung heraus. Das erinnert ein wenig an die Bußtage Israels, wenn sie einer konkreten Bedrohung gegenüber standen (z. B. in 1. Samuel 7,3). Es ist ein Wiederhinwenden zu Gott und seinen Geboten, um einem kommenden Gericht zu entfliehen.

Bräuche und Traditionen

In Sack und Asche

In früher Zeit war das Zerreißen der Kleider (und das anschließende Tragen sackhafter Trauerkleidung) sowie das Streuen von Asche auf den Kopf ein tiefer Ausdruck von Trauer und Erschütterung und der öffentlichen Buße. Vielleicht vergleichbar mit dem Tragen schwarzer Kleidung heute. Noch heute kennen wir die Redewendung „in Sack und Asche gehen".

Gut zu wissen

Seit 1995 ist der Buß- und Bettag nur noch in Sachsen gesetzlicher Feiertag. In den anderen Bundesländern wurde er zur Finanzierung der Pflegeversicherung abgeschafft.

Wie feiern wir den Buß- und Bettag?

Unsere Feierkiste steht vor der Tür. Und mit ihr ein paar Fragen, die uns helfen, das vergangene Jahr zu reflektieren und Revue passieren zu lassen.

Dabei geht es jedoch nicht um eine Selbstoptimierung à la schneller, höher, weiter, sondern um ein genaues Hinschauen. Ein kurzes Anhalten, um mal wieder auf die Karte zu schauen und zu überprüfen, ob ich noch auf dem richtigen Weg bin. Vielleicht bin ich falsch abgebogen oder drifte langsam in eine Richtung, in die ich gar nicht möchte. Stimmt mein Leben mit meinen Werten überein? Passen mein Terminkalender und mein Handeln zu dem, was mir wichtig ist? Was ist eigentlich das Ziel, auf das ich zulaufe?

Hier gibt es ganz viele unterschiedliche Fragen und Methoden, die dabei helfen.

Zum Beispiel:

- Ein Jahreswort wählen
- Was will Gott mir (in dieser Phase) beibringen?
- Was für eine Frau / was für ein Mann will ich sein?

- Was sind meine Werte, die mir wichtig sind?
- Was würde ich gerne loslassen?
- Was soll im nächsten Jahr in meinem Leben wachsen?
- Einen Leitvers aus der Bibel wählen, der mein Leben begleiten soll
- Tagebuch schreiben und das Tagebuch vom letzten Jahr überfliegen
- In Stichworten aufschreiben, was im letzten Jahr alles passiert ist
- Wofür bin ich dankbar?
- Wovon will ich im nächsten Jahr weniger?
- Welchen falschen Glaubenssätzen/Versprechen bin ich aufgesessen?

Zu diesem Thema gibt es eine ganze Menge an Materialien und guten Büchern. Aber am Allerwichtigsten ist es, dass wir uns Zeit nehmen, um leise zu werden. Einen stillen Tag oder eine stille Stunde. Um hinzuhören auf den Heiligen Geist, der unser Wegweiser und Reisebegleiter sein will. Der mir vielleicht sagen will, an welcher Stelle ich umkehren muss. „Mach dir nicht so viele Sorgen", höre ich ihn im Moment öfter flüstern. Mein erster Impuls ist, mich einfach ein bisschen mehr anzustrengen, an mir selbst zu arbeiten, um nicht so sorgenvoll zu sein. Aber Buße heißt vielleicht auch, einfach zu sagen: „Jesus, es tut mir leid. Es tut mir leid, dass ich dir nicht genug vertraue, dass du mich versorgen wirst." Und dann beende ich mein Nachdenken, mein Zurechtrücken, meine Vorsätze, meine Gebete und diesen Tag mit den alten Worten: „Kyrie, eleison. Herr, erbarme dich." Über das, was falsch läuft, über meine Not, meine Sünde, mein Versagen, über mein Nicht-Können. Und dann glaube ich daran, dass das für heute reicht.

Mit den Kindern

Mit unseren Kindern packen wir zusammen einen Sorgen-Rucksack. Wir überlegen, was uns im Moment schwerfällt oder was für Steine uns auf dem Herzen liegen. Für jede Sache packen wir einen großen Stein in einen Rucksack. „Ich habe Angst vor schlechten Träumen!" – „Mich macht es traurig, dass unser Hase gestorben ist!" – „Mir machen die Hausaufgaben zu schaffen!" Wenn die Kinder älter werden, wollen sie vielleicht ein paar Sorgensteine einpacken, ohne laut auszusprechen, was sie bedrückt. Aber Jesus hört sie ganz sicher. Dann darf jeder, der möchte, den Rucksack aufziehen und spüren, wie sehr einen diese Dinge herunterziehen können. Und dann setzen wir ihn ganz bewusst ab. Wir bringen ihn zu Jesus, der versprochen hat, dass wir all unsere Sorgen bei ihm abladen dürfen, weil er für uns sorgt (1. Petrus 5,7). Und unter dem Jahr erinnern wir uns an dieses Bild. Wenn die Sorgen wieder bei uns auftauchen, dann stecken wir sie zurück in den Rucksack und tragen ihn im Gebet zu Jesus. Wenn es sein muss, jeden Tag neu.

Sind wir auf dem richtigen Weg?

Neben der individuellen Sünde gibt es auch sogenannte gemeinschaftliche oder strukturelle Sünden, wie z. B. ungerechte Strukturen, die Menschen unterdrücken und Leben zerstören. Geschichtlich ging es an diesem Tag nicht nur um die persönliche Umkehr und Schuld, sondern auch um ein kollektives, ein öffentliches Bekennen, dass wir Teil des Problems sind und damit schuldig werden. Und dass Dinge nicht in Ordnung sind, „nur weil sie alle machen“ oder „wir eh nichts ändern können“. In unserer sehr stark individualisierten Gesellschaft vergessen wir manchmal, dass wir als Teil dieser Gesellschaft auch mitverantwortlich sind. Neben der Frage, wo ich persönlich umkehren muss, steht deshalb auch die Frage im Raum: Wo müssen wir umkehren? Vielleicht gibt es eine Not, die dich besonders bewegt. Dann nimm sie mit, um sie in diesem Jahr im Gebet immer wieder vor Gott zu bringen. Und dann halte die Augen offen, ob er dir Möglichkeiten schenkt, etwas zu bewegen und laut zu werden.

Manchmal ist die Schuld und Not so groß, dass wir keinen Ausweg sehen und nur noch beten können: „Jesus, erbarme dich!“

Zum Nach- und Weiterdenken

Ich sitze im Dreck und esse bei den Schweinen

Ein Vater hatte zwei Söhne.

Da sprach der jüngere: „Gib mir meinen Erbteil."

Und so zog er los und verprasste sein Geld.

Als er alles ausgegeben hatte und es zu einer Hungernot kam, beschloss er, nach Hause zu gehen und seinen Vater anzubetteln, ihn wieder als Tagelöhner einzustellen.

Ich sitze im Dreck und esse bei den Schweinen. Denn als ich heimkam, wurde mir nur gesagt: „Du bist für mich gestorben, als du beschlossen hast zu gehen."

Ich bin auf dem Weg nach Hause, gezwungenermaßen. Denn der, vor dem ich weggelaufen bin, hat mich eingeholt. Mich mit Gewalt gepackt und zurückgeschleppt und gesagt: „Hab ich's dir doch gesagt."

Ich arbeite wie ein Irrer, muss mich beweisen. Zeigen, dass ich es wert bin. Dass ich sie verdiene, die zweite und letzte Chance, die er mir gegeben hat. Jetzt nur keinen Fehler machen, denn sonst ist es aus.

Ich sitze am Nebentisch. Habe gerade so viel, wie ich für heute brauche. Lohn für einen Tag. Nebenan sitzt mein Bruder mit meinem Vater am reich gedeckten Tisch. Vertraut und innig. Jeden Tag sehe ich, was ich verspielt habe.

Versager. Wertlos. Gebrochen. So viel wert wie ein Haufen Dreck.

Manchmal frage ich mich, warum ich so lebe, als würde die Geschichte so enden. Warum ich glaube, es wären keine Fehler erlaubt, und so lebe, als müsste ich mich beweisen. Warum ich denke, es wäre nie genug und es würde nie reichen. Als müsste ich um Liebe betteln und der Vater wäre unendlich weit weg.

Doch der Vater, er steht in der Tür. Er umarmt und küsst mich, er nennt mich Sohn und feiert ein Fest. Ich bin geliebt und willkommen, versorgt und vermisst.

Vielleicht ist Heimkommen ganz einfach, wenn man weiß, wie der Vater ist.

Wie man beten kann

Laut und leise.
In allen Sprachen.
Auf den Knien oder stehend.
Mit gefalteten Händen oder hoch erhoben.
Tanzend, mit Tränen in den Augen.
Wir können bitten und danken,
wütend toben.
Still werden.
Komplimente machen und uns einfach lieben lassen.
Alleine und gemeinsam.
Weil man auf tausend Arten beten kann.

Mein Gebet

Kyrie, eleison.	Herr, erbarme dich.
Christe, eleison.	Christus, erbarme dich.
Kyrie, eleison.	Herr, erbarme dich.

Jesus, heute habe ich meine Kinder angeschrien. Richtig schlimme Worte habe ich gesagt.

Ich habe Dinge gekauft, obwohl ich wusste, dass ich damit andere ausbeute. Aber es war mir egal.

Ich habe so getan, als wäre ich nicht zu Hause, als jemand in Not angerufen hat. Ich bin einfach nicht rangegangen.

Ich war so neidisch auf meine Freundin, dass ich mich nicht mit ihr freuen konnte und immerzu dachte: „Warum sie? Warum nicht ich?"

Ich habe Dinge gesagt und getan, die zerstören, die den Tod und nicht das Leben bringen.

Ich habe mich selbstsüchtig nur um mich selbst gedreht. Ich habe meinen Vorteil gesucht. Und dich, dich hab ich vergessen.

Kyrie, eleison. Herr, erbarme dich.

Mit allen Sinnen

Asche auf dein Haupt

Nimm einen Zettel und schreib dir alles von der Seele. Was lief richtig schief? Wo bist du schuldig geworden? Lies alles noch einmal durch.

Und dann zünde den Zettel an.

Alles, was übrig bleibt, ist ein kleiner Haufen Asche.

Nimm sie in die Hand. Versuche, darin deine Sünden zu lesen. Kannst du etwas erkennen? Keine Chance!

Und wusstest du, dass Asche sogar als Dünger verwendet werden kann?

Und dass auf vergebener Schuld etwas wachsen kann?

EWIGKEITSSONNTAG

Lehre uns bedenken,
dass wir sterben müssen,
auf dass wir klug werden.
Psalm 90,12; Luther

Worum geht es bei diesem Fest?

Der Ewigkeitssonntag wird auch Totensonntag genannt. An diesem Tag denkt man an all die Verstorben, die man verloren hat. Gleichzeitig ist es aber auch ein Tag, an dem man sich mit der Endlichkeit, dem eigenen Sterbenmüssen auseinandersetzt und aus dieser Perspektive heraus das Leben überdenkt. Was ist mir im Leben wichtig? Gestalte ich meinen Alltag dementsprechend? Was sollen die Menschen einmal über mich sagen? Lebe ich in dieser Weise?

Während wir im Alltag dem Tod und Gedanken ans Sterben gerne ausweichen, kann dieser Tag eine Gelegenheit sein, sich damit bewusst auseinanderzusetzen. Denn wir haben den Tod weitgehend aus unserem Leben verbannt. Gestorben wird in Pflegeheimen und Krankenhäusern, weit weg von unserem Alltag. Alles, was damit zu tun hat, haben wir „professionalisiert". Sterben ist uns fremd geworden, denn Sterben macht uns Angst. Doch vielleicht haben wir uns damit auch etwas genommen. Denn wenn der Psalmist recht hat, dann lehrt uns der Tod, wie man lebt. Sterben hilft uns klug zu werden. Das Leben weise zu leben, es nicht mit Nichtigkeiten und Nebensächlichkeiten zu vergeuden.

Vielleicht müssen wir wieder lernen wie das geht, das mit dem Sterben. Wir sollten lernen, über den Tod zu sprechen, auf dass wir klug werden und er etwas von seinem Schrecken verliert! Und vielleicht macht es uns Angst daran zu denken, dass wir nicht Maß aller Dinge und Mittelpunkt der Geschichte sind, sondern vergänglich – aber vielleicht finden wir darin auch Freiheit und Weisheit und werden klug.

Und wie gut, dass an diesem Tag nicht nur die Endlichkeit und der Tod im Mittelpunkt stehen, sondern die Ewigkeit. Wir bedenken unser Leben nicht nur mit dem Blick auf den Tod, sondern wie viel mehr noch auf das, was danach kommt. Der Tod ist nicht das Ende. Und die Ewigkeit pocht bereits in unserem Herzen.

Hintergrundinfo

Der Ewigkeitssonntag ist der letzte Feiertag im Kirchenjahr. Mit ihm endet das Kirchenjahr. Wie passend, dass es mit der Perspektive, der Aussicht auf die Ewigkeit endet!

Bräuche und Traditionen

Friedhofsbesuch und Gedenkgottesdienste

Am Ewigkeitssonntag besuchen viele Angehörigen das Grab ihrer Liebsten. Sie pflegen und schmücken es und denken an die, die sie verloren haben. In den meisten Kirchengemeinden findet an diesem Tag ein Gottesdienst zum Ewigkeitssonntag statt. Hier werden auch die Namen der Gemeindemitglieder verlesen, die im vergangenen Jahr verstorben sind. Dabei läuten die Kirchenglocken.

Gut zu wissen

Traditionell wird erst nach dem Totensonntag mit dem adventlichen Schmücken begonnen, um diesen Tag zu ehren.

Wie feiern wir den Ewigkeitssonntag?

Zugegeben, besonders mit Kindern ist das ein schwieriger Feiertag – zumindest auf den ersten Blick. Doch was für eine Chance liegt auch darin! Ganz unverfänglich über den Tod ins Gespräch kommen zu können, bevor sie damit im eigenen Leben konfrontiert werden. Kinder haben hier oft einen viel selbstverständlicheren Zugang, als wir glauben. Wir sollten ihnen die Möglichkeit geben, sich mit den Tod auseinanderzusetzen, bevor sie einen geliebten Menschen verlieren.

In unserer Feierkiste liegt an diesem Tag ein Fotoalbum mit Bildern von all den Lieben, die schon gestorben sind. Die Uroma, das Haustier, die Tante, vielleicht auch ein Bild von einem ungeborenen Geschwisterchen. Wir können zusammen dieses Album anschauen und die Geschichten und kleinen Marotten dieser Menschen erzählen und was wir mit ihnen verbinden. Die Oma, die ihren Garten so geliebt und den besten Apfelkuchen der Welt gebacken hat. Die Tante, die wir immer mit dem Zug besucht haben. Der Opa, der aus allem etwas basteln konnte. Die kleine Schwester, die nur ein paar Wochen in Mamas Bauch gelebt hat.

Wir können zusammen auf den Friedhof gehen. Das Grab der Oma schmücken. Oder den Friedhof in unserem Ort besuchen. Drüber laufen und über das Sterben reden, wenn die Kinder fragen und wenn wir das wollen. Manchmal fällt uns selbst das viel schwerer als den Kindern. Vielleicht legen wir noch ein paar altersgerechte Bücher übers Thema Tod und Sterben in die Kiste. Für den Fall, dass uns die Worte ausgehen.

Aber eines sollten wir an diesem Tag nicht vergessen: Wir dürfen ganz viel über den Himmel reden. Über den Gott, von dem Jesus sagt: „Siehe, ich mache alles neu!“ Keine Tränen, kein Schmerz, kein Zimmer aufräumen und alles Gemüse schmeckt wie Gummibärchen. Und wir dürfen ihn uns in allen Farben des Himmels ausmalen, so schön und bunt, bis wir ein bisschen Heimweh kriegen.

Zum Nach- und Weiterdenken

Ein Zimmer voller Seifenblasen

Zwischen Müslifrühstück und Morgenkaffee reden meine Jungs und ich über den Tod. Übers Vermissen, über Menschen, die schon dort sind, und wie das mal so sein wird im Himmel. Wir haben dafür ein ziemlich schönes Bild gefunden. Jesus sagt einmal, dass er vorgeht und uns eine Wohnung einrichtet. Und manchmal stellen wir uns vor, wie diese Wohnung wohl aussieht.

Meine Wohnung wird eine kleine Gartenhütte sein. Umgeben von Obstbäumen und Gemüsebeeten. Mit Lagerfeuerstelle und Pizzaofen und knallroten zuckersüßen Erdbeeren. Mit Hängesesseln und einem Gartentor, das immer offen steht. Und die Jungs werden ein Zimmer haben mit kistenweise Duplos und einer Feuerwehrzentrale, mit vielen lustigen Taschenbüchern. Und einer langen Rutsche, die in meine kleine Gartenhütte führt.

Und über die, die schon dort sind, über die reden wir an diesem Morgen auch. Dass wir sie vermissen, und wie ihre Zimmer wohl aussehen. Und dass sie schon mal in unsere Wohnungen schleichen dürfen, um sich Duplos auszuleihen – nur für den Fall, dass ihnen langweilig ist.

„Und, Mama," sagt der Große, „ich glaube, im Himmel gibt es eine Seifenblasenmaschine. Weil dann ist das ganze Zimmer immer voller tausend Seifenblasen."

Vom Sterben

Der Tod hat viele Namen.

Manche sind „friedlich eingeschlafen", weil Tote manchmal so aussehen, als würden sie nur schlafen. Und doch wachen sie nicht mehr auf.

Wir sagen, jemand „wurde aus dem Leben gerissen", als wäre alles nur ein großes Missverständnis.

Es heißt, „er hat sein Leben beendet", was aber, wenn er noch nicht fertig war und so viele Pläne und Träume offenblieben?

Manch einer ist „abgetreten" – als wäre das Leben eine Bühne und der große Auftritt schon vorbei.

Wir sagen „den Löffel abgeben“ oder „abkratzen“, weil wir nicht wissen, wie wir übers Sterben reden sollen.

Manch einer „krepiert“. Sterben ist nicht schön.

Wir reden davon, dass jemand „von uns gegangen ist“ und wir fragen uns wohin.

Aber dann höre ich von einem, der „heimgegangen“ ist.

Und ich denke: Das möchte ich auch tun, wenn ich sterbe.

Heimgehen.

Ankommen bei dem, der auf mich wartet.

Und vielleicht ist sterben dann „nach Hause kommen.“

Mein Gebet

Für die, die zurückbleiben.
Glaube an ein Trotzdem.

Der Wolken Luft und Winden
gibt Wege, Lauf und Bahn,
der wird auch Wege finden,
da dein Fuß gehen kann.
(Paul Gerhardt)

Von guten Mächten wunderbar geborgen,
erwarten wir getrost, was kommen mag.
Gott ist bei uns am Abend und am Morgen
und ganz gewiß an jedem neuen Tag.
(Dietrich Bonhoeffer)

Mit allen Sinnen

Grablicht gestalten

Es ist eine schöne Tradition, zusammen mit den Kindern an Allerheiligen ein Licht an das Grab der Liebsten zu stellen. Noch schöner ist es, wenn die Kinder diese Lichter selbst gestalten dürfen – was ganz nebenbei eine tolle plastikfreie Alternative zu den üblichen Kunststofflichern ist.

Für die Grablichter braucht ihr
- ein altes Marmeladenglas
- Acrylfarbe
- Pinsel

Nun dürft ihr das Glas nach Lust und Laune gestalten.
Anschließend kommt eine kleine Kerze hinein und schon ist es fertig.

NACHWORT

Mit klopfendem Herzen sitze ich am Esstisch unserer Freunde. Aus der Küche riecht es nach Maultaschen. Becher werden hin- und hergeschoben und ich wäre am liebsten wieder abgehauen. Ich erzähle die Geschichte von Jesu Kreuzigung und ein Haufen Kleinkinder stopft Fladenbrot in sich hinein und verlangt beim Traubensaft einen Nachschlag. Es war chaotisch, wenig andächtig und ich war völlig überfordert. Und es war richtig schön.

Es war ein Karfreitag-Nachmittag und der erste Feiertag, den wir als Famile bewusst gestaltet haben. Im Vorfeld hatte ich mir tausend Gedanken gemacht, theologische und pädagogische Fragen erörtert und fast einen Rückzieher gemacht – zum Glück waren alle schon eingeladen. Und dann habe ich das gemacht, was ich schon längst hätte tun sollen. Ich habe einfach angefangen. Laut, chaotisch, vieles ganz anders als geplant – so wie das mit dem Leben und dem Glauben eben ist.

Und weißt du was? Irgendwann werden wir an einem großen Tisch sitzen. Die besten Bands aller Zeiten werden spielen und die Tische werden sich biegen. Ein Buffett voller Farben und Düfte. Vielleicht werden wir uns dort zuwinken und uns gegenseitig Geschichten erzählen. Von Sankt Martin, als wir fast unseren Garten abgebrannt haben, oder wie wir beim Bauen des Adventskranzes den Tisch angebohrt haben. Wir werden essen und tanzen und dann werden wir Jesus treffen. Und er wird uns willkommen heißen zu diesem großen Hochzeitsfest. Und dann werden wir feiern, wie wir es noch nie in unserem Leben getan haben, weil wir endlich zu Hause sind.

DANKE

Danke, liebe Rahel Dyck, für dein Lektorat. Jemandem ungefiltert seinen Erstentwurf zu zeigen, ist immer aufregend. Du hast eine ganz wundervolle und ermutigende Art, damit umzugehen.

Vielen Dank auch an Ruth Atkinson und die Neukirchener Verlagsgesellschaft für diese tolle Chance und euer Vertrauen. Ich kann es immer noch nicht glauben, dieses Buch in den Händen zu halten.

Danke an meine Helden am Wegrand! Menschen, die mich durch Begegnungen, ihre Bücher, Blogs, Predigten und vieles mehr angefeuert haben weiterzulaufen und die meinen Glauben geprägt haben. Eure Worte haben getröstet und ermutigt und ihr habt mir gezeigt, wie unperfekt und unterschiedlich man Jesus nachfolgen kann.

Danke an meine Familie. Meine Geschwister. Ihr seid da, wenn ich euch brauche, und auch zwischendrin. Wir haben Hunderte von Geschenktischen fotografiert, aber ihr seid das größte Geschenk! Um nichts in der Welt will ich euch eintauschen.
Meine Schwiegereltern. Für so viel Unterstützung und eine Tür, die immer offen ist.
Meine Eltern. An eurem Tisch habe ich die schönsten (Kinder)geburtstage gefeiert und Jesus getroffen. Ihr habt mir gezeigt, wie man feiert (mit vielen Geschenken, Lieblingskuchen und Überraschungsdeko!) und mir von einem liebenden Vater und guten Hirten erzählt. Es gibt nichts Größeres, das man seinen Kindern schenken kann. Danke.

Meine Mama-Freundinnen. Ohne euch hätte ich die Kleinkindzeit nie überlebt. Wir haben zusammen gefeiert – Geburtstage, Neuanfänge und kleine Siege. Wir haben Alltagstipps getauscht und Quarantäne-Päckchen gepackt. Ihr habt eure Wohnzimmer und euer Herz mit mir geteilt.

Jesus Freaks – ihr seid das Büfett, an dem wir satt werden und von dem unsere Kinder Kuchen klauen. Was für ein Privileg, dass ihr uns aufgenommen habt.

Joachim Pomrehn – in deinem Kurs über das Lernen und Lehren im Alten Testament habe ich mich in die Feiertage verliebt und seitdem hat mich das Thema nicht mehr losgelassen!

Christina, ohne dich gäbe es dieses Buch nicht. Ich danke dir für alle Ermutigung, dein Anschubsen, Anfeuern, Möglichmachen und noch viel mehr dein Vorbildsein – darin, wie man Jesus hinterherstolpert.

Verhocken-Crew. Ihr habt mir gezeigt, was eine Gemeinschaft tragen kann. Jonas, ich danke dir für den Arschtritt auf dem Balkon, der alles ins Rollen gebracht hat. Und besonders dir, Sina, dass du meinen Blog begleitest. Alle Kommas, die du eingesetzt hast, und so viel Ermutigung, die du geschenkt hast! Wir fiebern den Hidden-Sonntagen entgegen.

Sarah – du bist seit Anfang an mit mir unterwegs. Wer hätte gedacht, dass wir so viel erleben. Abenteuerbanden, Übernachtungspartys, Briefbücher, Weinfeste, Mädelswochenenden, Liebenzell (und so viel mehr). Wie schön ist es, jemanden zu haben, der einen über eine so lange Wegstrecke begleitet! Ich freue mich auf die zweite und dritte Hälfte. Ich hoffe, du hast nicht vergessen, was wir tun wollen, wenn wir mal alt sind ;-) !

Tabea – du hast mich willkommen geheißen, als ich alleine war, und seitdem immer wieder. Danke. Nadine – für deine Jesus-Date-Geschichten, die du mit mir teilst. Sarah – für alle Keller- und Kaffeestunden und Augustabende, wo wir wild träumen. Du hast mich angefeuert, als es richtig schwer wurde.

Daniel. Ich liebe es, mit dir zu feiern und noch viel mehr den Alltag zu überstehen. Schlaflose Babynächte, Trotzanfälle und eine Pandemie. Du kennst meine schlimmsten Seiten und bist immer noch da. Du bist der, der meinen

Rucksack trägt, wenn er zu schwer wird, und mir eine Ahnung davon gibt, was es heißt, bedingungslos geliebt zu sein. Du bist mein liebster Weggefährte.

Finn, Mats und Lou – für euch habe ich dieses Buch geschrieben. Ihr habt mein Leben durcheinandergewirbelt. Ihr macht es laut und bunt und malt mit Kugelschreiber Striche an die Wand. Ihr weckt mich, wenn es noch dunkel ist, und manchmal verlangt ihr mir so viel mehr ab, als ich eigentlich kann. Ihr seid meine Chaos-Band und das Beste, was mir passieren konnte. Ihr bedeutet mir alles. Wenn ein Stuhl an unserem Tisch leer ist, dann sagt ihr manchmal, dass da Jesus sitzt. Und ich bete, dass ihr das niemals vergesst: dass ihr an seinem Tisch immer willkommen seid!

WEITERFÜHRENDE LITERATUR

Bieritz, Karl-Heinrich. *Das Kirchenjahr*. München: C.H.Beck 2014.

Joiner, Reggie / Nieuwhof, Carey. *Gemeinsam Kinder stark machen*. Asslar: Gerth Medien 2012.

Leimgrubder, Walter. *Warum feiern wir Feste?* https://www.unibas.ch/de/Aktuell/Uni-Nova/Uni-Nova-115/Uni-Nova-115-Feste.html, abgerufen am 6.11.2021.

Naumann, Bettina. *Heilige Orte und heilige Zeiten?: Kirchenräume und Kirchenjahr*. Leipzig: Evangelische Verlagsanstalt, 2013.

Neijenhuis, Jörg. *Feste und Feiern: Eine theologische Theorie*. Leipzig: Evangelische Verlagsanstalt 2012.

Urban, Albert Josef / Bexten, Marion. *Kleines Wörterbuch des Gottesdienstes*. Edition Areion 2012, https://www.herder.de/gd/lexikon/hosanna/, abgerufen am 11.11.2021.

https://www.kirchenjahr-evangelisch.de/#2022-80-0-0, abgerufen am 10.02.2022.

https://www.vivat.de/magazin/jahreskreis/karwoche/was-ist-palmsonntag, abgerufen am 11.11.2021.

Soweit nicht anders gekennzeichnet sind die Bibelstellen der Übersetzung Hoffnung für alle® entnommen, Copyright © 1983, 1996, 2002 by Biblica Inc.®. Verwendet mit freundlicher Genehmigung von 'fontis – Brunnen Basel. Alle weiteren Rechte weltweit vorbehalten.
Lutherbibel, revidiert 2017, © 2016 Deutsche Bibelgesellschaft, Stuttgart.

Wir haben uns bemüht, alle Rechteinhaber ausfindig zu machen. Sollten Rechte nicht oder nicht ausreichend angegeben sein, bitten wir um Kontaktaufnahme zur Neukirchener Verlagsgesellschaft.

FSC www.fsc.org
MIX
Papier aus verantwortungsvollen Quellen
FSC® C014138

Bibliografische Information der Deutschen Nationalbibliothek:
Die Deutsche Nationalbibliothek verzeichnet diese Publikation in der Deutschen Nationalbibliografie; detaillierte bibliografische Daten sind im Internet über http://dnb.d-nb.de abrufbar.

© 2022 Neukirchener Verlagsgesellschaft mbH, Neukirchen-Vluyn
Alle Rechte vorbehalten
Gesamtgestaltung: Grafikbüro Sonnhüter, www.grafikbuero-sonnhueter.de
unter Verwendung von Bildern von © Familie Gorges
und © Happy Art, Orangeo interactive (shutterstock.com)
Lektorat: Rahel Dyck, Bonn
Bilder im Innenteil: © Familie Gorges
Verwendete Schriften: Verveine, Cervo, Minion
Gesamtherstellung: Finidr, s.r.o.
Printed in Czech Republic
ISBN 978-3-7615-6858-3

www.neukirchener-verlage.de